T. Marin

A. Albano

PROGETTO ITALIANO Junior 2

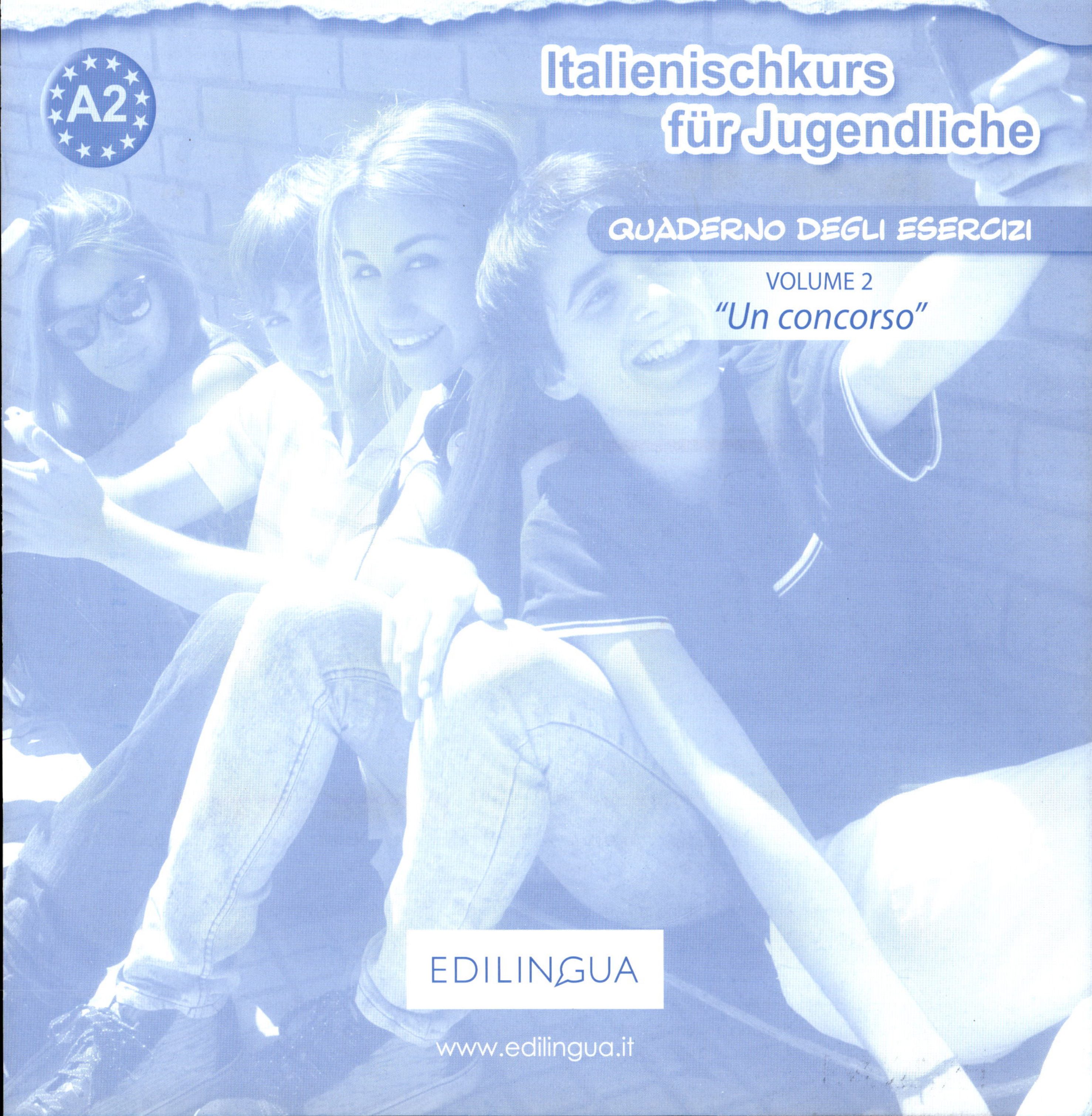

A2

Italienischkurs für Jugendliche

QUADERNO DEGLI ESERCIZI

VOLUME 2

"Un concorso"

EDILINGUA

www.edilingua.it

T. Marin legte nach einem Universitätsabschluss in Italianistik an der Università Ca' Foscari in Venedig einen Master Itals (Didaktik des Italienischen) ab. Er sammelte praktische Erfahrungen als Italienischlehrer an verschiedenen Sprachschulen. Er ist Direktor des Verlags Edilingua und Autor verschiedener Lehrbücher für den Italienischunterricht: *Progetto italiano 1, 2* und *3* (Libro dello studente), *La Prova Orale 1* und *2*, *Primo Ascolto, Ascolto Medio, Ascolto Avanzato, l'Intermedio in tasca, Vocabolario Visuale* und *Vocabolario Visuale – Quaderno degli esercizi*. Er arbeitete als Koautor an *Nuovo Progetto italiano Video* und *Progetto italiano Junior Video* mit. Er leitete zahlreiche Fortbildungskurse für Italienischlehrer auf der ganzen Welt. Er konzipierte das ganze Lehrwerk *Progetto italiano Junior* und ist Herausgeber des *Libro di classe*.

A. Albano machte ihren Universitätsabschluss an der IULM Mailand in *Lingue e Letterature Straniere* und unterrichtet jetzt Italienisch an der Gulf Coast High School (Naples, Florida). Sie erhielt eine Auszeichnung als National Italian American Foundation Teacher des Jahres 2004/05 – Collier County Teacher of Distinction und leitete mehrere Seminare in den USA.

Deutsche Ausgabe herausgegeben von Studiendirektor **Lorenz Manthey**, Lehrer für Deutsch, Italienisch und Französisch am Freihof-Gymnasium, Göppingen, und Fachberater Italienisch für das Regierungspräsidium Stuttgart.

Die Autoren und der Verlag möchten den befreundeten Kolleginnen und Kollegen, die die Unterrichtsmaterialien kritisch geprüft und in ihren Klassen getestet haben, ihren Dank aussprechen. Von ihnen haben wir wertvolle Hinweise für die endgültige Fassung erhalten. Insbesondere geht der Dank an Frau Flavia Fornili (Scuola Media Statale L. Majno, Mailand), Frau Valeria Lalli (Europäische Schule Brüssel II) sowie Frau Maria Carla Borgogni und Frau Stefania Carella.
Schließlich sei auch den Redakteuren und Grafikern des Verlages für ihr außerordentliches Engagement ganz besonders gedankt.

meiner Familie
T. Marin

meinem Sohn Massimo Andrea
A. Albano

Geschäftssitz
Via Alberico II, 4 - 00193 Rom - Italien
Fon +39 06 96727307
Fax +39 06 94443138
info@edilingua.it
www.edilingua.it

Lagerung und Distribution
Moroianni, 65 12133 Athen
Fon +30 210 5733900
Fax +30 210 5758903

Die Erde braucht Hilfe. Deine **Hilfe!**
Edilingua für die Umwelt

Alles menschliche Handeln hat Einfluss auf die Umwelt. Wir von Edilingua sind überzeugt, dass die Zukunft unseres Planeten auch von jedem Einzelnen von uns abhängt. **„Die Erde braucht deine Hilfe"** ist eine kleine, aber auf Nachhaltigkeit angelegte Aktion, durch die Schüler für die Problematik sensibilisiert werden sollen: Jedes unserer Bücher will eine Einladung zum Nachdenken sein, eine Einladung zum Energiesparen und zur Reduzierung der CO2-Emissionen. Weitere Informationen auf unserer Website (unter „Chi siamo").

2. Auflage: November 2016
ISBN: 978-960-693-107-9
Redaktion: L. Piccolo, A. Bidetti, M. Dominici
Seitengestaltung und Layout: Edilingua
Fotos: Archiv Edilingua
Illustrationen: M. Valenti
Tonaufnahmen und Filmproduktion: *Autori Multimediali*, Mailand
Texte und Aufgaben zu den Filmepisoden: M. Dominici, T. Marin

Inhalt gedruckt auf säurefreiem Papier aus nachhaltiger Forstwirtschaft.

Anmerkungen, Kritik und Verbesserungsvorschläge zu dem Lehrwerk nehmen wir selbstverständlich gerne entgegen. Schreiben Sie bitte an: redazione@edilingua.it

Vorwort

Das vorliegende Lehrwerk soll eine unserer Meinung nach bedeutende Lücke im derzeit verfügbaren Angebot an Lehrmitteln für den Italienischunterricht schließen. Gewiss ist *Progetto italiano Junior* nicht der erste Kurs, der sich an Jugendliche richtet. Aber trotzdem glauben wir, dass es nicht bloß ein Lehrwerk ist, das man auch zum Unterrichten von Schülern dieser Altersstufe verwenden kann. Es ist vielmehr ein Lehrwerk, das speziell *für* diese Altersgruppe konzipiert wurde. Der Kurs zeichnet sich durch eine kontinuierliche Bezugnahme auf die Lebenswirklichkeit der heutigen Jugendlichen aus: Dieser Bezug auf Künstler, Sportler, Bücher, Musik, Freizeitgestaltung usw. motiviert die Schüler, sich aktiv mit der italienischen Kultur und Sprache auseinanderzusetzen.

Die Entstehung des Lehrwerks

Am Beginn eines jeden Werkes steht eine Idee. Diese Idee, nämlich eine ganz auf Jugendliche ausgerichtete Version eines international erfolgreichen Lehrwerks zu erstellen, wurde bestärkt durch die Nachfrage zahlreicher Kolleginnen und Kollegen nach einem entsprechenden Lehrwerk für Jugendliche. Uns von Edilingua ist es ein Anliegen, auf die Wünsche der Unterrichtenden einzugehen. So holten wir in einer groß angelegten Fragebogenaktion zunächst einmal das Feedback von Kolleginnen und Kollegen aus der ganzen Welt ein. Die gründliche Analyse dieser Daten machte sofort deutlich, dass es nicht ausgereicht hätte, nur hier und da etwas zu verändern, um ein wirklich gutes Buch herauszugeben. Anschließend analysierten wir umfangreiches Material, neben Webseiten und Jugendzeitschriften auch Lehrwerke für andere Sprachen. Dabei kamen viele Ideen zusammen, aus denen sich schließlich die Struktur einer Lektionseinheit ergab, die nicht nur uns Autoren, sondern auch die vielen beteiligten Kolleginnen und Kollegen und die Verlagsredaktion überzeugte. Die Abfassung des Buches dauerte mehrere Monate. Daran schloss sich eine Phase der praktischen Erprobung und der kritischen Lektüre durch Kolleginnen und Kollegen aus verschiedenen Ländern an. Auf der Grundlage ihrer wertvollen Kommentare wurde der Inhalt des Lehrwerks noch einmal überarbeitet und in seine endgültige Form gebracht.

Die Philosophie des Buches

Wir haben versucht, auf die besonderen Herausforderungen, die das Unterrichten von Jugendlichen stellt, einzugehen. Dazu gehört vor allem das Angebot besonders motivierender Materialien. Motivierend wirken die Materialien durch eine große Vielfalt der Methoden und Aufgabentypen, kürzere Inputphasen, einen grundsätzlich induktiven Ansatz, bei dem alle neuen grammatikalischen, lexikalischen und kommunikativen Elemente selbstständig entdeckt werden, sowie spielerische Aktivitäten, die leicht zu verstehen sind und gleichzeitig Spaß machen.

Eine grundlegende Entscheidung war es, eine Geschichte in Comicform zu erfinden, die alle 18 Lektionseinheiten des Kurses durchzieht. Im Mittelpunkt der Geschichte stehen fünf Jungen und Mädchen, mit denen sich die Schülerinnen und Schüler gut identifizieren können. Das Ganze wird realistisch und mit einer gehörigen Portion Humor dargestellt.

Jede Lektionseinheit ist in zwei Abschnitte unterteilt. Diese wiederum sind in mehrere Sektionen aufgegliedert. Jeder Abschnitt hat seine eigene Struktur und ist in sich geschlossen. Gleichzeitig ist er aber thematisch mit dem anderen Abschnitt verbunden. Jeder Teil umfasst eine Episode unserer Geschichte, meistens einen Dialog in Comicform. Am Ende des ersten Hauptabschnitts fordert das kleine „Stop"-Symbol zu einer kurzen Wiederholungsaufgabe auf; am Ende des zweiten Lektionsabschnitts ist dagegen eine umfassende Selbstüberprüfung vorgesehen. Durch diese Einteilung soll ein erkennbar in Stufen angelegter Lernprozess im Sinne der humanistisch-affektiven Sprachdidaktik bewirkt werden.

Ziel der Rubrik *Progettiamo!* innerhalb des Jugendmagazins *Conosciamo l'Italia* am Ende jeder Lektion ist es, den Schülerinnen und Schülern überschaubare und wirklichkeitsnahe Aufgabenstellungen für Gruppenarbeiten anzubieten. Dabei können sie das Gelernte in die Praxis umsetzen und im Sinne des *project-based learning* und des Gemeinsamen Europäischen Referenzrahmens für Fremdsprachen (GER) auf Italienisch kommunizieren. Das gleiche Ziel haben auch die *@ttività online* auf der Webseite von Edilingua.

Besondere Merkmale und innovative Elemente

Die besonderen Merkmale von *Progetto italiano Junior* sind im Einzelnen folgende: Die Sektionen zur italienischen Landeskunde sind wie ein Jugendmagazin strukturiert und enthalten speziell für Jugendliche interessante Informationen; der Grammatikanhang (*Grammatica@junior*) bietet einen analytischen Zugang zu allen eingeführten Grammatikphänomenen; ein sehr modernes und dynamisches Layout, das der Altersgruppe ent-

spricht und das richtige Gleichgewicht zwischen Comic und Fotomaterial bewahrt; das separat gedruckte *Quaderno degli esercizi* enthält spielerische Aktivitäten, einen Abschlusstest zu jeder Lektionseinheit und verschiedene Übungsaufgaben, die den Aufgabenformen von CELI, CILS, PLIDA und anderen Sprachzertifikaten entsprechen, sowie einen speziell für die deutsche Ausgabe angelegten Arbeitssteil zum Lernen des Vokabulars, der die neuen Wörter und Ausdrücke einer Lektion nach Themen bzw. Wortarten anordnet; ein italienisch-deutsches Wörterverzeichnis, das durch seine alphabetische, nach Lektionen gegliederte Anordnung wie ein erstes Wörterbuch verwendet werden kann; eine Audio-CD enthält außer den Hörtexten auch die Dialoge und authentische Interviews mit italienischen Jugendlichen, um den Schülerinnen und Schülern die Möglichkeit zu geben, die Meinungen, Gefühle und Erfahrungen von Gleichaltrigen ebenso wie eine Vielfalt verschiedener regionaler Akzente zu hören.
Schließlich verknüpft die Sektion *Attività video* nach dem Grammatikanhang das Kursbuch direkt mit den drei DVDs von *Progetto italiano Junior Video*, die mit dem *Quaderno degli esercizi* beigefügt sind. Die vorgeschlagenen Aktivitäten beziehen sich jeweils auf eines der drei Filmangebote des Videos: Spielfilmepisoden, Interviews oder Quiz. Angepasst an die gleiche lexikalische und grammatikalische Progression des Buches, präsentiert jede Episode eine Mini-Geschichte, die sich meistens zwischen den Dialogen einer jeden Lektionseinheit abspielt und diese ergänzt.

Für *Progetto italiano Junior* sind weitere Zusatzmaterialien verfügbar, die Ihnen die Planung und Durchführung Ihres Unterrichts erleichtern: Das Lehrerhandbuch (*Guida per l'insegnante*) gibt Ihnen interessante Ideen und Vorschlägen zur Arbeit mit dem Buch. Auf dem *blog musicale* (www.musicaperjunior. blogspot.com) können die Schülerinnen und Schüler zu jeder Lektionseinheit des Buches einen Videoclip zu einem bekannten italienischen Lied finden, das zum Thema oder den grammatikalischen Inhalten der Lektion passt; für jedes Lied werden zwei oder drei Arbeitsaufträge vorgeschlagen, die von den Schülerinnen und Schülern selbstständig oder gemeinsam in der Klasse bearbeitet werden können. Die Software für das interaktive Whiteboard (*Lavagna Interattiva Multimediale*) setzt mit höchsten Qualitätsansprüchen das Lehrbuch vollständig und auf einfache, funktionale und intuitive Art und Weise um. Schließlich steht Schülern und Lehrern mit *i-d-e-e* eine multimediale Lernplattform zur Verfügung, die nicht nur alle Aufgaben des *Quaderno*, sondern darüber hinaus noch zahlreiche weitere nützliche Materialien und Angebote umfasst. Verfügbar online befindet sich auch kostenlos das in drei Spalten organisierte Vokabular, das nicht nur die deutsche Übersetzung anbietet, aber auch Synonyme und Antonyme, Erläuterungen zum Gebrauch oder zur Bedeutung des Wortes, und die Übersetzung in Latein, Französisch und Englisch von einigen Wörtern etc.

Bleiben Sie über die Webseite von Edilingua mit uns in Verbindung, nicht nur um Neuerscheinungen zu entdecken, die den Sprachkurs ergänzen, sondern auch um uns Ihre Kommentare und Ideen sowohl zur Serie *Junior* als auch zu anderen Unterrichtsmaterialien, die Sie schon verwenden oder die Sie benötigen, mitzuteilen.

Grazie e buon lavoro!
Die Autoren

Auf unserer Webseite (www.edilingua.it) können Sie eine PDF-Datei mit der Darstellung der Zeichen von *Progetto italiano Junior* herunterladen. Die PDF wurde von Studenten der 4ème A LV1 von Saint Joseph Institut, Nizza, Frankreich erstellt.

Erläuterung der Symbole

Partnerübung

Role-play
Kommunikationsübung

Freies Sprechen

Schreibaufgabe

26
Hört den Track 26 auf der CD an.

Spiel

10
Macht die Aufgabe 10 im *Quaderno degli esercizi.*

@ttività online
Geht auf die Website www.edilingua.it und bearbeitet die Online-Aufgaben.

STOP Fine Prima parte *Quaderno*, S. 51
Macht den Minitest im *Quaderno degli esercizi* auf Seite 51.

S. 100
Schlagt in *Grammatica@junior* auf Seite 100 nach.

Progetti... extrascolastici

1 **Wenn ihr die Ausdrücke in den beiden Spalten verbindet, erfahrt ihr, welche außerunterrichtlichen Veranstaltungen in diesem Schuljahr geplant sind.**

1. fare lezioni di …
2. proteggere …
3. fare il gemellaggio …
4. cantare in …
5. organizzare …
6. conoscere meglio …

a. con un'altra scuola
b. una mostra d'arte
c. le nuove tecnologie
d. l'ambiente
e. un concorso
f. guida

Wählt nun aus der Liste oben das Projekt aus, das ihr am interessantesten findet, und erstellt mit Hilfe der folgenden Tabelle einen Arbeitsplan.

Il mio progetto: ....

Dove?	Quando?	Con chi?	Come?	Perché?

2 **2** **Hört euch den Dialog an und setzt die fehlenden Wörter ein (ein Wort pro Lücke).**

Prof: Ragazzi, oggi, come prima lezione, parleremo dei progetti extracurricolari che organizzeremo quest'anno, ...?

Giulia: Perfetto, iniziamo l'anno con qualcosa di interessante!

Prof: Ok... dunque, quest'anno la nostra scuola .... ai seguenti progetti: il gemellaggio con una scuola straniera...

Alessia: Speriamo una di Parigi, ci vorrei tanto andare...

Prof: ...un progetto di educazione ambientale...

Chiara: Bello! Potremo pulire un bosco! .... quello vicino a casa mia.

Prof: ...un concorso musicale tra le scuole della città...

Paolo: Un concorso?! E come ....?

Prof: Ah, vedo che c'è già interesse! Ogni scuola sceglierà un gruppo musicale. Alla gara finale, a maggio, ogni gruppo .... una canzone!

Dino: Forte questo progetto! Mi piace!

Prof: Ma tu Dino, canti... sai suonare qualche strumento?

Dino: Io? Ma io sarò il manager del gruppo! .... potete stare tranquilli: vinceremo noi!

Vervollständigt die Mind-Maps wie in dem Beispiel. Gebt für die vorgeschlagenen außerunterrichtlichen Aktivitäten (*educazione ambientale*, *gemellaggio con una scuola straniera*) möglichst viele Wortassoziationen auf Italienisch an. Ihr könnt auch neue Begriffe im Wörterbuch nachschlagen.

3 **Füllt die Tabelle mit den angegebenen Formen des *Futuro semplice* aus.**

organizzerò imparеremo proteggerò canterai pulirà manderanno
vinceremo parlerà inizierete sceglierete suoneranno conoscerai

io		
tu		
lui/lei/Lei		
noi		
voi		
loro		

4 *Paolo ha appena inserito nel suo telefonino gli impegni della settimana.* Vervollständigt die Sätze mit dem *Futuro semplice*.

lunedì	martedì	mercoledì	giovedì	venerdì	sabato	domenica
Dino e Giulia .... (*studiare*) a casa mia.	Alessia .... (*organizzare*) un power point per il progetto.	(Io) .... (*leggere*) l'unità 2 del libro di storia per l'esame.	Io e Giulia .... (*iniziare*) un corso di musica.	Il mio gruppo .... (*presentare*) il progetto in classe.	Io e i miei amici .... (*guardare*) un concorso musicale in tv.	(Io) .... (*dormire*) fino alle 11!

5 *Drei gewinnt.* X oder O? Vervollständigt in Partnerarbeit die Sätze im *Futuro semplice*, wie in dem Beispiel.

A che ora (tu) .... con Alessia? ***uscire***	Dario e Salvatore .... la camera. ***pulire***	Io .... un SMS ai miei amici prima della festa. ***mandare***
Domani la professoressa .... il progetto per la classe. ***scegliere***	Voi .... al concorso della scuola? ***partecipare***	Dino, ... una canzone rock o hip hop al concerto? ***cantare***
Tu e Giulia *parlerete* del gemellaggio con la scuola straniera? ***parlare***	Chi .... i cantanti? ***intervistare***	Noi .... quest'anno! ***vincere***

6 *Giulia e Alessia chattano su Messenger.* Vervollständigt die Sätze mit der richtigen Form des *Futuro semplice* von *avere*, *fare* oder *essere*.

Giulia: Ciao Ale!
Ale: Ciao Giulia! (*Tu*) ci .... alla festa di Paolo?
Giulia: Certo! (*Io*) .... lì alle sette.
Ale: Forte! (*Noi*) .... anche una sorpresa a Paolo! Pensa che (*noi*) .... anche un dj!
Giulia: Bello! Ci .... anche Dino e Chiara.
Ale: Mamma mia! (*Noi*) .... un bel po' di rumore!

7 Verbindet die beiden Spalten.

1. Fare progetti
2. Fare previsioni
3. Fare ipotesi
4. Fare promesse
5. Periodo ipotetico

a) Mamma, sabato pulirò la mia stanza!
b) Se vinceremo il concorso musicale, festeggeremo alla grande!
c) Domani presenteremo il nostro progetto in classe.
d) Chi sarà quel ragazzo? Sarà Stefano, il nuovo studente.
e) Secondo me, la festa non sarà molto bella.

8 Vervollständigt die Sätze mit den angegebenen Verben und gebt an, welche Funktion das Futur hat.

a. previsione | b. dubbio | c. promessa | d. periodo ipotetico | e. ipotesi | f. progetto futuro

1. Se non camminiamo più velocemente, ... l'autobus. (*perdere*)
2. Coraggio ragazzi! Sono gli ultimi giorni e tra una settimana .... tutti in vacanza. (*essere*)
3. Sì, è abbastanza grosso il mio cane: .... circa 15 chili. (*pesare*)
4. Nonna, nel fine settimana .... a trovarti! (*venire*)
5. Cosa dici? Matteo .... la verità? (*dire*)
6. Il mese di agosto non .... (*piovere*)

9 Verbindet die Sätze, wie in dem Beispiel.

1. Dove sarà Paolo?
2. Perché Dino ha fatto una brutta figura con la prof?
3. Perché i ragazzi sono così contenti?
4. Hai visto Alessia e Chiara?
5. Quando avrai un nuovo cellulare? ——————
6. Quando sarete delle stelle?

a) Non appena il concorso sarà finito.
b) Mah, sarà andato a giocare a calcio.
c) Perché si sarà addormentato in classe.
d) Avranno presentato il progetto migliore.
e) Dopo che mi sarò iscritta al liceo.
f) Saranno andate a telefonare a Giulia.

10 Lest, was Dino in seiner E-Mail schreibt, und wählt die richtige Futurform (*Futuro semplice* oder *Futuro composto*).

File Modifica Visualizza Inserisci Formato Strumenti Messaggio ?

A... paologoal@libero.it; giuliaferri@yahoo.it; alessiaaa@virgilio.it; chiaralba@tim.it;
Cc...
Oggetto Progetto extrascolastico

Ragazzi! Abbiamo deciso quale progetto scegliere per il concorso? La prof ci assegnerà un titolo solo dopo che noi (1) avremo scelto/sceglieranno l'argomento. Appena Paolo (2) avrai telefonato/avrà telefonato a suo cugino per avere un'idea, invierò un'altra email per comunicare con tutti. Sono sicuro che (3) faremo/avremo fatto una bella figura con il nostro gruppo. Solo se lunedì (4) avrò preso/avranno preso un buon voto in matematica, mio padre ci darà un po' di soldi per il progetto. Quindi questo fine settimana (5) dovrò/avrò dovuto studiare tanto! Quando il concorso (6) sarete finiti/sarà finito, saremo delle stelle!

11 **Beschreibt euer Sternzeichen.**

.... è il mio segno!
Sono (4 aggettivi) ....
....
Mi piace ....
Non mi piace ....

Lest die Beschreibung euren Mitschülern vor und lasst sie das Zeichen erraten.

Zeichnet hier euer eigenes Sternzeichen.

12 **Sucht im Kreuzwortpuzzle die anderen sieben Ausdrücke, um etwas zu bestätigen oder um eine Bestätigung zu bitten, die ihr auf Seite 17 im *Libro di classe* kennen gelernt habt. Wählt dann vier Ausdrücke aus und erfindet Satzbeispiele, wie in dem Beispiel.**

M	C	V	V	M	L	O	**C**	**H**	**I**	**A**	**R**	**O**
A	V	A	F	A	M	E	N	T	E	A	A	D
C	U	A	H	S	C	H	E	R	Z	I	G	A
E	U	D	X	U	I	I	E	M	V	E	G	D
R	I	C	H	L	A	S	O	R	A	T	C	A
T	Y	F	M	S	X	T	S	C	A	I	H	V
O	A	N	T	E	A	X	E	P	H	G	E	V
C	E	V	E	R	O	C	H	E	C	I	R	E
H	P	W	E	I	E	R	O	C	H	U	Z	R
E	D	I	C	O	S	U	L	S	E	R	I	O
L	L	M	I	D	A	E	Z	N	H	O	L	P

Esempio: - Ma veramente parteciperete a un concorso musicale? - Sì, dico sul serio!

1 ....
....
2 ....
....
3 ....
....
4 ....
....

13 ***È Capodanno: Dino e i suoi amici chattano su Facebook e condividono le loro "promesse" per l'anno nuovo.* Erfindet Sätze im Futur, wie in dem Beispiel.**

facebook RICERCA

Dino
Il mio profilo

Ultime notizie
Messaggi
Eventi
Fotografie
Amici

Applicazioni
Giochi
Gruppi

Altro...

Dino:
Nell'anno nuovo *mangerò* meno!

Dino: Dico sul serio! E ....
anche ....

Paolo: Davvero?
Io invece ....

Giulia: Ma scherzi?
Io ....

Alessia: Ma dai!
Io ....

Chiara: Ah sì?
Io invece ....

5 **14** **a. Hört euch den Text einmal an und markiert die außerunterrichtlichen Aktivitäten, die genannt werden.**

recupero dell'ambiente rappresentazione teatrale olimpiadi studentesche

gemellaggio con una scuola straniera concorso musicale cucina e gastronomia

b. Hört euch den Text noch einmal an und markiert die drei zutreffenden Aussagen.

1. Lo scorso anno abbiamo fatto un'attività teatrale.
2. L'insegnante d'italiano ha partecipato al progetto.
3. Mi piace conoscere culture diverse.
4. La mia scuola ha organizzato uno scambio culturale.
5. Suono in un gruppo musicale scolastico.
6. Il concorso musicale è un progetto interessante.

Test finale

A Vervollständigt mit der richtigen Futurform der angegebenen Verben.

Il mese prossimo, io e i miei compagni di classe (1. *partecipare*) .... ad un concorso di scienza della mia scuola. Io (2. *inventare*) .... un nuovo robot che sa parlare l'italiano! Il mio robot si (3. *chiamare*) .... "Messi", come il giocatore di calcio. Lui (4. *avere*) .... molte funzioni: (5. *fare*) .... domande, (6. *cantare*) .... e (7. *dire*) .... barzellette. (8. *Essere*) .... un progetto divertente!

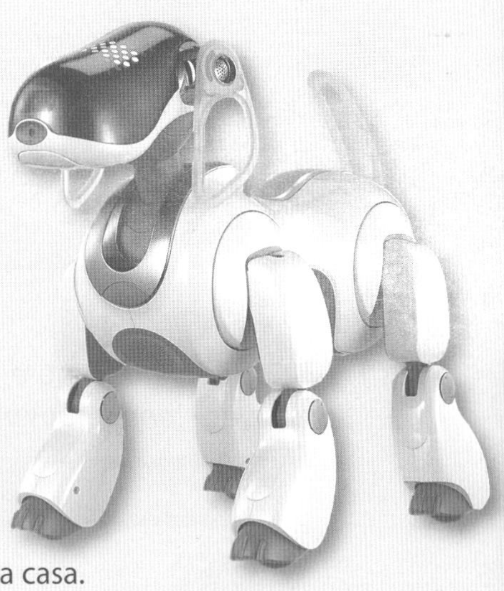

B Wählt die richtige Antwort.

1. – Che ore sono?
– (1)............................ le due. Tra cinque minuti voi (2)............................ a casa.

1) a. Sarà
b. Saranno
c. Sarete

2) a. andremo
b. andrai
c. andrete

2. Se domani noi (1)............................ il progetto, (2)............................ una festa in classe!

1) a. finiranno
b. finirete
c. finiremo

2) a. faremo
b. farà
c. farai

3. Sì, mamma. Oggi pomeriggio io (1)..................................... solo dopo che (2)..................................... di studiare.

1)	a. uscirò	2)	a. avrai finito
	b. uscirai		b. avrete finito
	c. uscirà		c. avrò finito

4. Paolo (1)..................................... un premio quando (2)..................................... il suo progetto.

1)	a. avrò	2)	a. avremo completato
	b. avrà		b. avrai completato
	c. avremo		c. avrà completato

5. Giulia e Alessia (1)..................................... in una band non appena (2)..................................... gli strumenti.

1)	a. suoneranno	2)	a. sarete arrivati
	b. suonerà		b. saranno arrivati
	c. suonerete		c. sarà arrivata

6. Tu (1)..................................... al mare dopo che (2)..................................... la scuola?

1)	a. andrai	2)	a. sarete finiti
	b. andremo		b. saremo finite
	c. andranno		c. sarà finita

C Ordnet jeden Satz der passenden Kategorie zu, wie in dem Beispiel.

1. Sei coraggioso e onesto. Non hai paura dei rischi.
2. Vogliamo formare questo gruppo musicale o no?
3. Questo è il tuo anno fortunato!
4. Parteciperemo ad un gemellaggio con una scuola straniera.
5. Pensi che potrai suonare il violino?
6. Potremo pulire un bosco!

Concorso musicale	Progetto extrascolastico	Oroscopo
		1

Richtige Antworten: __/25

1 **Verbindet die folgenden Definitionen (a-d) mit den entsprechenden Tätigkeiten. Die übrig gebliebene Tätigkeit verrät euch, was Paolo heute Nachmittag tun wird.**

a. vedere un programma a puntate in televisione

b. partecipare a un evento musicale con una canzone

c. praticare uno sport di squadra

d. fare musica con uno strumento a corde

1 suonare la chitarra

5 guardare un telefilm

2 chiamare un'amica per andare al cinema

4 cantare in un concerto

3 giocare a pallone

Cosa farà Paolo questo pomeriggio? ....

2 **Vervollständigt die Sätze mit dem *Imperfetto*, wie in dem Beispiel.**

1. Alessia e Giulia sedevano sulla panchina. (*sedere*)
2. Paolo .... con un pallone. (*giocare*)
3. Io .... un telefilm. (*guardare*)
4. Io e Alessia .... sempre tardi. (*tornare*)
5. Tu e Nadia .... insieme? (*cantare*)
6. Tu .... sempre le parole! (*dimenticare*)

3 Verwendet die unten angegebenen Wörter, um wenigstens sechs Sätze zu bilden. Versucht so viele Wörter wie möglich zu verwenden und bewertet eure Sätze so: 2 Wörter = 4 Punkte, 3 Wörter = 6 Punkte, 4 Wörter = 8 Punkte, 5 oder mehr Wörter = 10 Punkte. Vergleicht eure Ergebnisse in der Klasse!

innamorato	della canzone	i capelli biondi	su una panchina
era	preferivano	aveva	suonare
la chitarra	la ragazza	Paolo	Alessia e Giulia
tornavo	dimenticava	sempre	Mario
le parole	io	tardi	
sedevano	della scuola	le ragazze	

1. ....

2. ....

3. ....

4. ....

5. ....

6. ....

4 *Alessia usa un codice segreto per scrivere un messaggio su Facebook*. Verwendet den Code, um die Botschaft zu entschlüsseln, und konjugiert die Verben im *Imperfetto*.

2@: io **3#: noi** **5*: loro** **1^: lui** **4?: lei**

facebook RICERCA

Alessia
Il mio profilo

Ultime notizie
Messaggi
Eventi
Fotografie
Amici

Applicazioni
Giochi
Gruppi

Altro...

Ciao ragazzi!

Ho fatto un sogno molto divertente ieri notte. 3# .... (*essere*) tutti in un reality su Canale 5. 2@ .... (*partecipare*) ad un concorso e .... (*cantare*) una canzone di Laura Pausini. Nadia e Paolo .... (*suonare*) in una band. 1^ .... (*suonare*) la chitarra, mentre 4? .... (*suonare*) la batteria. 5* .... (*essere*) proprio bravi!

5 Findet die Verben im *Imperfetto* und füllt dann die Tabelle unten aus, wie in dem Beispiel.

Quando *ero* piccola, festeggiavo sempre il compleanno con i miei fratelli e i miei cugini. Giocavamo, bevevamo Coca Cola e mangiavamo la torta che faceva sempre la mia mamma. Mia sorella era un po' gelosa dei miei regali, allora io davo a lei sempre la mia nuova bambola per giocare. Il mio papà e la mia mamma dicevano sempre che ero proprio una brava bambina!

io	noi	mia sorella	la mia mamma	il mio papà e la mia mamma
ero	....	....	....	....
....	....	....	....	....
....	....	....	....	....
....	....	....	....	....

E tu? Com'eri da piccolo/a? Cosa facevi?

Ero ....

Facevo ....

6 Sucht im Kreuzwortpuzzle die Redewendungen, die Einverständnis oder Ablehnung ausdrücken. Schreibt dann Sätze, wie in den Beispielen. Markiert mit einem Smiley ☺ oder einem unglücklichen Gesicht ☹, welche Ausdrücke Einverständnis bzw. Ablehnung ausdrücken.

D	S	I	S	O	N	O	D	A	C	C	O	R	D	O
S	I	L	O	P	E	N	S	O	A	N	C	H	I	O
T	E	O	B	J	O	O	S	M	H	C	W	G	**S**	H
I	P	R	S	H	I	N	I	G	U	A	E	N	**I**	P
E	R	E	I	I	H	C	E	T	W	J	O	S	**H**	N
N	O	N	E	V	E	R	O	O	N	E	B	E	**A**	O
A	P	E	V	Q	N	E	R	Z	O	E	R	O	**I**	W
N	R	N	E	H	A	D	O	N	E	E	C	X	**R**	O
S	I	C	R	E	D	O	A	N	C	H	I	O	**A**	N
F	O	N	O	A	F	E	M	S	O	Q	P	A	**G**	V
L	V	F	E	O	R	S	N	B	C	D	T	N	**I**	E
P	E	C	**N**	**O**	**P**	**E**	**N**	**S**	**O**	**D**	**I**	**N**	**O**	H
H	R	N	I	S	O	U	U	N	O	P	E	N	**N**	Z
N	O	N	O	N	P	E	N	S	O	C	C	O	**E**	O

1. *Paolo gioca molto bene a pallone!* Sì, hai ragione. ☺
2. .... Non credo.
3. .... Non è vero!
4. .... No, non penso.

5. *Vinceremo il concorso quest'anno?* No, penso di no. ☹
6. .... Sì, credo anch'io.
7. .... Sì, è proprio vero!
8. .... Sì, è vero.
9. .... Sì, lo penso anch'io.
10. .... Sì, sono d'accordo!

7 ***Imperfetto*** **oder** ***Passato prossimo*****? Vervollständigt die Sätze mit den durcheinander gemischten Verben.**

essere/suonare | andare | essere/andare | perdere | studiare/andare | suonare/cantare

1. Ieri Paolo .... nuovamente l'autobus.
2. Mentre Dino .... al computer .... il suo cellulare.
3. Da bambina, Chiara .... spesso a casa dei nonni.
4. Da giovane, mio padre .... e .... in un gruppo musicale.
5. Ieri, Alessia e Giulia .... fino alle 5 e poi .... al cinema.
6. La nostra scuola non .... lontana da casa, per questo noi .... sempre a piedi o in bicicletta.

8 **Vervollständigt die Sätze mit den angegebenen Verben (*Imperfetto* oder *Passato prossimo*). Das Verb, das übrig bleibt, nennt das Bauwerk und die Stadt, die Paolo heute besichtigt hat.**

La Fontana di Trevi

- sono andato
- andavo

L'Arena di Verona

- guardavate
- avete aspettato

Il Duomo di Milano

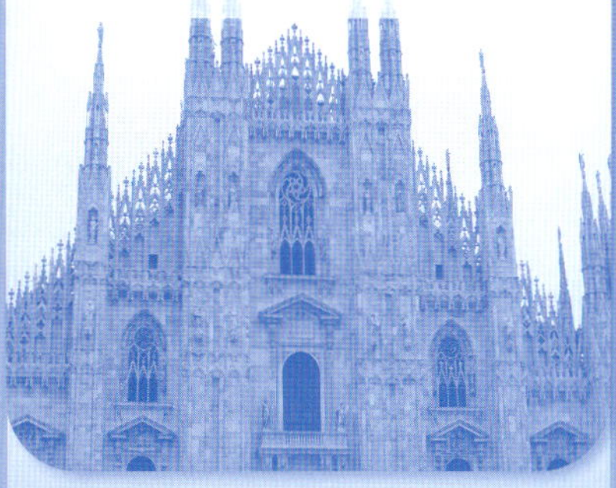

- dormiva
- abbiamo studiato

1. Ieri io .... a casa di Giulia.
2. Lunedì pomeriggio, noi .... storia e geografia.
3. Quando Alessia ha telefonato a Dino, lui ....
4. D'estate, io .... sempre al mare con la mia famiglia.
5. Voi .... il concorso musicale quando è arrivata Gianna?

Oggi ho visitato ....!

9 Wählt die passende Verbform.

Sabato sera, mentre ascoltavo/ho ascoltato musica a casa di Gabi, è arrivata/arrivava Giulia. Mi ha detto/diceva di accendere subito il televisore perché c'era/è stato un nuovo concorso musicale. Così guardavamo/abbiamo guardato questo programma per due ore. Bellissimo! Ci sono stati/C'erano cantanti e band internazionali. Una band australiana arrivava/è arrivata prima.

9

10 In folgenden Dialog fehlen einige Wörter. Zu welchen Textabschnitten passen eurer Meinung nach die beiden Fotos?

....

Produttore: Buongiorno. Come si chiama?
Francesca: Buongiorno. Mi chiamo Francesca.
Produttore: Va bene, Francesca. Lei .... già ....(1) un provino con noi?
Francesca: No. L'anno scorso ....(2) ogni tanto a guardare i provini, ma non .... mai ....(3).
Produttore: Lei ....(4) corsi di canto, recitazione, o ballo?
Francesca: No, ma quando ero piccola ....(5) parte di un piccolo gruppo teatrale. Io e le mie compagne ....(6) prova di recitazione tutti i giorni dopo la scuola!
Produttore: Benissimo. Allora, cominciamo!

11 Gebt an, welche Handlung vorher passiert ist, wie in dem Beispiel. Ihr könnt zwei verschiedene Farben verwenden, um die Handlungen zu markieren: Blau für das *Trapassato prossimo* (vorher) und Rot für das *Passato prossimo*.

1. Noi avevamo già fatto i compiti quando è arrivato Dino.
2. La prof d'italiano ha dato alla classe un progetto che noi avevamo già fatto.
3. Alessia aveva appena mandato un sms, quando l'abbiamo incontrata al cinema.
4. Il mio gruppo rock preferito aveva appena suonato quando la giuria ha deciso di eliminarli.
5. È cominciato a piovere dopo che Paolo aveva segnato un bellissimo gol.
6. Quando siamo andati a casa di Stefania, il telefilm era già iniziato.

12 *Drei gewinnt.* X oder O? Vervollständigt in Partnerarbeit die Sätze mit dem *Trapassato prossimo*, wie in dem Beispiel.

Io non .... al campionato. ***pensare***	Carlo .... di partecipare al concorso. ***decidere***	Noi .... un cono al cioccolato. ***chiedere***
Alessia .... a casa di Giulia. ***andare***	Il gruppo rock .... il concorso. ***vincere***	Voi .... molto bene. ***cantare***
Paolo e Dino *avevano* già *giocato* a calcio ed erano stanchi. ***giocare***	I ragazzi .... in finale con una canzone rap. ***andare***	Dino non .... sorpreso dell'idea. ***sembrare***

13 Vervollständigt Dinos Erzählung mit den Verben in der richtigen Zeitform.

Ieri, io, Giulia e Paolo .... (1. *andare*) finalmente a sentire Ligabue in concerto. .... (2. *aspettare*) questo momento da due mesi, da quando Paolo .... (3. *comprare*) i biglietti. Lo stadio .... (4. *essere*) pieno e la gente, i ragazzi .... (5. *venire*) da tutta la Toscana. Il concerto .... (6. *durare*) più di due ore e vedere dal vivo Ligabue .... (7. *essere*) un'esperienza veramente emozionante. Per fortuna che quando .... (8. *cominciare*) a piovere, il concerto .... già .... (9. *finire*).

14 Füllt die Tabelle mit Beispielen für deutschsprachige Fernsehsendungen aus. Übersetzt die Titel gegebenenfalls ins Italienische.

Canali			
Film			
Telefilm			
Reality			
Varietà			
Programmi musicali			

Test finale

A Vervollständigt die Sätze mit dem *Imperfetto*.

1. Mentre Dino .... (*mandare*) messaggini, Paolo .... (*dormire*) in classe.
2. Alessia e Giulia .... (*guardare*) un telefilm sempre a casa mia!
3. Ogni sera noi .... (*ascoltare*) musica con gli amici.
4. Ogni anno, tu e Nadia .... (*perdere*) la gita.
5. Quando Paolo .... (*giocare*) a calcio, gli amici .... (*chiacchierare*) seduti su una panchina.

B Konjugiert die angegebenen Verben im richtigen Tempus (*Passsato prossimo*, *Imperfetto*, *Trapassato prossimo*).

Ieri i ragazzi .... (1. *andare*) al concerto di Ligabue. .... (2. *arrivare*) allo stadio con tre ore di anticipo. .... (3. *comprare*) i biglietti quindici giorni prima, ma .... (4. *fare*) ugualmente due ore di fila perché .... (5. *esserci*) moltissima gente. .... (6. *Fare*) abbastanza caldo anche se il giorno prima .... (7. *piovere*). Quando Ligabue .... (8. *cominciare*) a cantare, Paolo, che .... (9. *andare*) a comprare delle bibite, non .... ancora .... (10. *tornare*). Il concerto .... (11. *essere*) molto bello, Ligabue .... (12. *cantare*) molte delle sue vecchie canzoni e a circa metà concerto .... (13. *uscire*) sul palcoscenico anche Elisa e insieme .... (14. *cantare*) un paio di canzoni.

C Konjugiert die Verben in Klammern im *Imperfetto* und füllt das Kreuzworträtsel aus.

Waagerecht

1. Da bambina Carla .... (*preferire*) giocare da sola.
6. Paolo .... (*pensare*) di poter partecipare al concorso.
7. Com'.............................. (*essere*) il telefilm?
9. Sofia e Andrea .... (*essere*) proprio una bella coppia.
10. Mio padre ha avuto un piccolo incidente con la macchina mentre .... (*tornare*) dal lavoro.

Senkrecht

2. Ieri .... (*fare*) molto freddo.
3. Chiara non.............................. mai bugie. (*dire*)
4. Di solito, ... (*uscire*) solo il fine settimana.
5. Claudio .... (*cantare*) sempre canzoni italiane.
8. Da bambino io .... (*avere*) una bellissima bicicletta.

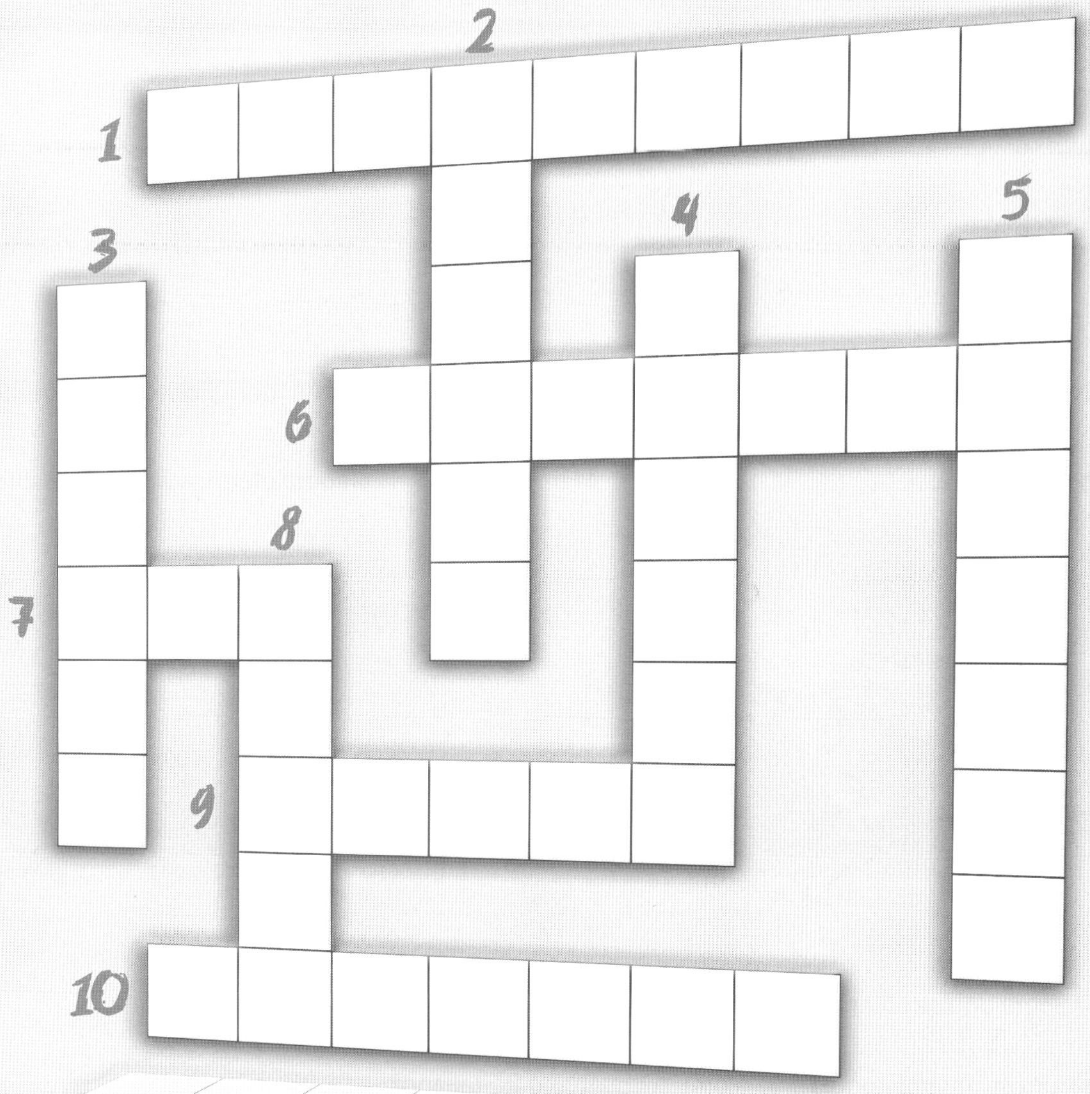

Richtige Antworten: __/31

1 **Hört euch den Dialog von Seite 36 im *Libro di classe* noch einmal an und schreibt eine kurze Zusammenfassung (30-40 Wörter). Die angegebenen Wörter können euch helfen.**

prove	casa di campagna	tastiera	Sesto Fiorentino	padre

2 **Kennt ihr diese Musikinstrumente? Verbindet die Namen mit den Fotos, wie in dem Beispiel.**

☐ il violino ☐ la tastiera ☐ la batteria ☐ la tromba ☐ la chitarra elettrica B il sassofono

E tu? Suoni uno strumento? Se sì, quale? ....

....

Quali altri strumenti conosci? Sai come si chiamano in italiano? ....

....

3 **Findet heraus, welche direkten Objektpronomen in den folgenden Wörtern verborgen sind, und schreibt sie hinter die Wörter, wie in dem Beispiel.**

Pao<u>lo</u> *lo*

cinema ....
articolo ....
amico ....
canali ....

salame ....
chiavi ....
scuole ....
Laura ....

4 **Verbindet die Sätze und markiert die direkten Objektpronomen, wie in dem Beispiel.**

1. I programmi musicali sono divertenti!
2. Giulia è molto simpatica!
3. Dobbiamo ancora scegliere la cantante!
4. Dove ci vediamo?
5. Come facciamo con la ricetta regionale?
6. Dove prepareremo il progetto di biologia?
7. Non so a che ora venire!

a) Ci incontreremo a casa di Dino a Fiesole!
b) Va bene, la sceglieremo domani alle prove.
c) Niente paura, ci aiuterà mia madre.
d) Sì, li guardo sempre in televisione!
e) Lo prepareremo a scuola, naturalmente!
f) È vero, mi saluta sempre a scuola!
g) Tranquillo, ti chiamerò domani!

5 **Vervollständigt die Antworten mit den drei angegebenen Ausdrücken und schreibt drei Fragen.**

Lo so | Lo sapevo | Lo saprò

1. – Quando andremo al concerto? – .... domani.
2. – È morto il gatto di Alessia! – .... Poverina...
3. – Lo sapevi che Dino è un bravo cantante? – Sì, ... L'ho sentito alle prove.
4. – .... – Sì, lo so.
5. – .... – No, non lo sapevo.
6. – .... – No, lo saprò stasera.

6 ***Alessia e Giulia chattano tra loro*. Vervollständigt im Dialog die fehlenden Redeteile, wie in dem Beispiel, mit den unten angegebenen Ausdrücken und einem von euch selbst ausgedachten Satz.**

Che bella idea! Peccato! Che brutta notizia! Che fortuna! *Che bella sorpresa!*

Alessia: Ciao G! Sai che hanno cancellato le prove per il concerto?
Giulia: Ciao Ale! Davvero? .... ☹
Alessia: Sì, anche a me dispiace. Ah, un'altra cosa. Oggi ho preso un bel voto in matematica!
Giulia: Oh, ... ☺
Alessia: Beh, non proprio fortuna... ho studiato molto per l'interrogazione! Dino invece è andato male...
Giulia: Poverino! .... ☹
Alessia: Già. Però la prof ....
Giulia: Caspita! *Che bella sorpresa!* ☺
Alessia: Vuoi venire a casa mia domani dopo la scuola? Lavoriamo al progetto di ecologia!
Giulia: .... Sì! ☺
Alessia: A domani, allora. Buonanotte!
Giulia: Notte, Ale!

7 **Sucht im Kreuzwortpuzzle das Vokabular zur Umwelt aus der Übung 5 auf Seite 40 im *Libro di classe*.**

R	R	I	C	I	C	L	A	G	G	I	O	E	N	E	F	I	Y	E
I	L	O	S	M	A	L	T	I	M	E	N	T	O	D	E	E	A	I
S	R	I	F	I	U	T	M	I	E	U	N	G	R	A	N	N	U	D
P	R	O	T	E	G	G	E	R	E	L	E	F	O	R	E	S	T	E
A	E	P	R	O	B	L	Z	E	M	A	E	T	U	T	R	T	O	I
R	D	O	B	B	I	A	Z	M	O	F	A	R	E	L	G	A	E	N
M	O	E	N	E	R	G	I	A	E	O	L	I	C	A	I	S	L	T
I	R	A	P	A	R	T	P	E	N	E	L	L	A	R	A	A	E	C
O	L	A	M	P	A	D	I	N	E	L	E	D	E	N	S	Z	T	I
D	A	T	A	R	I	C	B	O	R	D	I	A	M	O	O	I	T	L
I	C	O	N	T	E	N	B	I	T	O	R	E	G	I	L	A	R	L
A	L	U	S	O	D	E	L	L	A	B	I	C	I	O	A	P	I	E
C	R	L	A	C	A	R	I	T	A	A	Z	Z	U	R	R	R	C	O
Q	P	E	R	L	A	P	C	L	A	S	T	I	C	A	E	E	A	I
U	S	O	D	E	I	M	E	Z	Z	I	P	U	B	B	L	I	C	I
A	P	E	R	V	E	T	R	O	E	A	L	L	U	M	I	N	I	O

8 **Vervollständigt die Sätze mit den direkten Objektpronomen und dem Endvokal des *Participio passato*, wie in dem Beispiel.**

1. Se cerchi Paolo, l'ho visto che parlava con Giulia all'ingresso della scuola.
2. Le patatine sono finite. .... ha mangiat..... tutte Chiara.
3. Gli spaghetti alla carbonara non .... ho cucinat..... perché non piacciono a tuo fratello.
4. Paolo, ... hai sentit..... l'ultimo CD di Jovanotti?
5. Alessia, la maglietta che abbiamo visto l'altroieri in vetrina, ... hai comprat.....?
6. Ieri sera ho incontrato al cinema Stefania, ... ho chiamat..... ma non mi ha risposto.
7. Bello questo videogame, vero? .... ho trovat..... in offerta al solito negozio.

9 **Beantwortet die Fragen. Verwendet dabei das *Passato prossimo* und die richtigen direkten Objektpronomen.**

1. • Dove hai comprato questa bella maglietta? • .... alla Benetton.
2. • Chi ha invitato Francesca e Luigi? • .... io.
3. • Perché non sono ancora qui? A che ora hanno preso l'autobus?
   • .... alle 6.
4. • Chi ha mangiato tutte le fragole? • .... Dino.
5. • Chi ha portato il cane a passeggio? • .... Chiara.
6. • Hai visto il film ieri sera? Bello, vero? • Sì, sì! .... Veramente bello.

10 *Cuore, cerchio, quadrato.* Findet zu jeder Frage die passende Antwort und schreibt sie auf.

un chilo	poche	un paio	due	settan-tadue	uno
ne	ne	ne	ne	ne	ne
ho	com-pro	cono-sco	ho preso	com-priamo	ha

1. – Compri le calze? – Sì, ...
2. – Quanti amici hai su Facebook? – ....
3. – Conosci molte band americane? – No, ...
4. – Alessia ha due fratelli? – No, ...
5. – Comprate delle chitarre nuove? – Sì, ...
6. – Hai preso il pane? – Sì, ...

11 **Wählt die richtige Form der Minidialoge und findet heraus, in welcher Region sich die berühmten Grotte di Castellana befinden.**

	A	B
1	• Ho perso il cane! • La posso aiutare?	• Ho perso il cane! • Non va bene?
2	• Ah, queste borse sono pesanti! • Basta?	• Ah, queste borse sono pesanti! • Vuoi una mano?
3	• Posso fare qualcosa? • Ciao!	• Posso fare qualcosa? • Sì, grazie!
4	• Ti aiuto con il progetto? • Che?	• Ti aiuto con il progetto? • Grazie, molto gentile!
5	• Vieni a casa mia? • Volentieri!	• Vieni a casa mia? • Purtroppo non puoi aiutarmi.

12 **Welche Wörter wisst ihr noch? Füllt die Tabelle mit den Wörtern aus, die mit dem Thema *ambiente* und *ecologia* zu tun haben, wie in dem Beispiel.**

PROBLEMI ☹		SOLUZIONI / INTERVENTI ☺	
Sostantivi	Verbi	Sostantivi	Verbi
i rifiuti		il cassonetto	riciclare

Qual è la vostra piramide delle priorità ambientali?

Schreibt hier die dringendsten Probleme auf.

....

....

....

13 **Vervollständigt das Lied von Adriano Celentano mit den angegebenen Wörtern. Fragt eure Lehrerin oder euren Lehrer nach Informationen über das Lied. Wenn ihr wollt, könnt ihr es auch anhören: Es ist ein Lied aus den 60-er Jahren.**

qui   soldi   verde   giocare   città   cemento

Questa è la storia di uno di noi,
anche lui nato per caso in via
Gluck, in una casa, fuori città,
gente tranquilla, che lavorava.
Là dove c'era l'erba ora c'è
una città, e quella casa in
mezzo al ....(1)
ormai, dove sarà?
Questo ragazzo della via
Gluck, si divertiva a
giocare con me,
ma un giorno ha
detto, vado in
....(2)
e lo diceva
mentre
piangeva,
io gli
domando amico,
non sei contento?
Vai finalmente a stare in città.
Là troverai le cose che non hai
avuto ....(3)
potrai lavarti in casa senza
andar giù nel cortile!
Mio caro amico, ha detto,
qui sono nato,
in questa strada
ora lascio il mio cuore.
Ma come fai a non capire,
è una fortuna, per voi che
restate a piedi nudi a
....(4) nei prati,
mentre là in centro respiro il
cemento.
Ma verrà un giorno che
ritornerò ancora qui
e sentirò l'amico treno
che fischia così, "wa wa"!
Passano gli anni,
ma otto son lunghi,
però quel ragazzo ne ha fatta
di strada,
ma non si scorda la sua prima
casa,
ora coi ....(5)
lui può comperarla
torna e non trova gli amici che
aveva,
solo case su case, catrame e
....(6).
Là dove c'era l'erba ora c'è
una città,
e quella casa in mezzo al verde
ormai dove sarà.

Il ragazzo della via Gluck (adattata)

Wie stellt ihr euch die Via Gluck vor?
Zeichnet eure Vorstellungen auf der Grundlage des Liedtextes.

Test finale

A **Wählt das richtige direkte Objektpronomen.**

Oggi vedo i miei amici. (1) Li/Lo incontro sempre il venerdì. Di solito andiamo in centro a mangiare una pizza. (2) Lo/La mangiamo alla pizzeria "da Gigino", perché è buonissima! Oggi poi è un'occasione speciale, è il compleanno di Mirella! (3) Lo/Le festeggiamo in pizzeria e poi a casa sua per la torta. La mamma di Mirella voleva fare la torta, (4) lo/la fa sempre, ma questa volta l'ha comprata in pasticceria. A Mirella darò un regalo che ho comprato quando ero in Francia. (5) Li/Lo darò quando andremo a casa sua.

B **Wählt die richtige Antwort.**

1. Hai visto Roberto?

a) Sì, l'ho visto al cinema. b) Sì, li ho visti al cinema.

2. Hai preso la chitarra?

a) Sì, le ho prese stamattina. b) Sì, l'ho presa stamattina.

3. Avete fatto le prove?

a) Sì, le abbiamo fatte ieri sera. b) Sì, lo abbiamo fatto ieri sera.

4. Vi hanno ascoltato?

a) Sì, ci hanno ascoltato per 10 minuti! b) Sì, mi hanno ascoltato per 10 minuti!

5. Ti ha chiamato Alessia?

a) No, non vi ha chiamato! b) No, non mi ha chiamato!

6. Giulia, hai finito i compiti?

a) No, non li ho finiti. b) No, non l' ha finito.

C **Bringt den folgenden Dialog zwischen den Jugendlichen und dem verantwortlichen Organisator des Musikwettbewerbs in die richtige Reihenfolge.**

1	*Responsabile*:	Allora, cominciamo? Che cosa presentate?
◯	*Responsabile*:	Molto interessante. Di cosa parla?
◯	*Dino*:	Così l'abbiamo cercata su internet ma... la canteremo in versione rock!
◯	*Alessia*:	Sì, non volevamo la solita canzone d'amore.
◯	*Dino*:	Abbiamo preparato una canzone di Bertoli che canta anche Ligabue: "Eppure soffia".
◯	*Responsabile*:	Che bella idea! Sentiamola!
◯	*Chiara*:	Parla dell'ambiente, di ecologia.

Richtige Antworten: __/17

1 Tragt die folgenden Wörter aus dem Dialog auf Seite 50 im *Libro di classe* in die richtige grammatikalische Kategorie ein, wie in dem Beispiel.

fare spese nuovo centro commerciale scarpe nero incontrarsi
magliette bianche comprare colore blu paio andare
abbigliamento stesso vestirsi stanco cercare

Sostantivo	Aggettivo	Verbo
spese		*fare*

2 Findet den Eindringling.

1. **fare spese:**	al centro commerciale	al negozio di abbigliamento	al concerto
2. **avere:**	amici	nero	tempo
3. **andare:**	all'idea	all'appuntamento	al negozio
4. **vestirsi:**	con il gruppo	con i pantaloni	con la gonna
5. **comprare:**	le scarpe	stanca	la maglietta
6. **cercare:**	magari	un colore	qualcosa

3 Wenn ihr, wie in dem Beispiel, die richtige Form des reflexiven Verbs wählt, erhaltet ihr den Namen eines berühmten italienischen Architekten.

mi diverto	mi diverta	mi divertiamo	mi divertite
si incontrate	si incontrano	si incontri	si incontro
vi vestate	vi vestute	vi vestite	vi vestote
si sentite	si sentiamo	si sento	si sente
ci annoio	ci annoia	ci annoiamo	ci annoiate
mi alzate	mi alzo	mi alzi	mi alza
ti metti	ti mettete	ti metta	ti mettate

Renzo Piano

Vasco Rossi

Federico Moccia

Monica Bellucci

Un famoso architetto italiano è ....

Findet mit Hilfe eures Lehrers heraus, wer die anderen berühmten Personen sind.

a) uno scrittore

b) un cantante

c) un'attrice

4 **Vervollständigt den Gedichttext mit der richtigen Form des Verbs *vestirsi*, wie in dem Beispiel.**

(io) Oggi .... con jeans blu.
Troppo sportivo? Che ne dici tu?
(tu) *Ti vesti* sempre con tanto colore.
Ah, che bello, che splendore!
Lui .... sempre in gran fretta, mentre tutto il gruppo aspetta!

(noi) .... tutti di bianco?
Ma no, è da gelataio, son stanco!
(voi) .... con la giacca?
Basterebbe una maglietta!
(loro) Perché .... sempre di nero?
Son d'accordo, è troppo serio!

5 **Lest das Gespräch zwischen Paolo und Dino und unterstreicht, wie in dem Beispiel, die reflexiven Verben.**

Dino: Paolo, a che ora <u>ti svegli</u> durante la settimana?

Paolo: Di solito, mi sveglio alle sette. Non voglio arrivare a scuola in ritardo.

Dino: Bravo! Io invece mi sveglio sempre alle sette e mezza e... sono sempre in ritardo alla prima ora!

Paolo: Accidenti Dino! Io però mi alzo alle sette e dieci. Sai, preferisco restare un po' a letto... a sognare la mia squadra preferita! Poi mi lavo, mi vesto e mi pettino. Faccio colazione ed esco di casa alle otto meno dieci.

Dino: Sei un ragazzo responsabile! Io non esco mai di casa prima delle otto e un quarto...

Paolo: Ma cosa fai? Ti guardi allo specchio per mezz'ora? Ma se alle otto e un quarto le lezioni cominciano... Dino, sei sempre il solito!

Schreibt jetzt in der 3. Person auf, was Paolo jeden Morgen macht.

Durante la settimana, Paolo *si sveglia* alle sette.

....

....

6 Verbindet jede Frage mit der passenden Antwort, wie in dem Beispiel.

1) Marco e Dino sono amici?	a) Perché Alessia e Giovanni si guardano e ridono durante la lezione.
2) Dove e quando è l'appuntamento venerdì sera?	b) Vanno al centro commerciale, si divertono a guardare le vetrine.
3) Che cosa fai sabato?	c) Sì, si vedono ogni giorno dopo la scuola per giocare a pallone o con i videogiochi.
4) Perché la prof è arrabbiata?	d) Ci incontriamo in pizzeria alle otto.
5) Dove vanno Chiara e Stefania?	e) Vado a un matrimonio. Mia sorella e il suo fidanzato si sposano.

7 Wenn ihr die Buchstaben in die richtige Reihenfolge bringt, erhaltet ihr Ausdrücke, um nach einer Meinung zu fragen oder eine Meinung zu sagen.

1. nediciche? c h e n e d i c i ?
2. moltolotrovo __ __ __ __ __ __ __ __ __ __ __ __ __ ...
3. siachepenso __ __ __ __ __ __ __ __ __ __ __ ...
4. mesecondoè __ __ __ __ __ __ __ __ __ __ ...
5. pensineche? __ __ __ __ __ __ __ __ __ __ __?
6. chesiacredo __ __ __ __ __ __ __ __ __ __ __ ...

8 Welches Kleidungsstück wählt Giulia in den folgenden Situationen? Kreuzt an, wie in dem Beispiel.

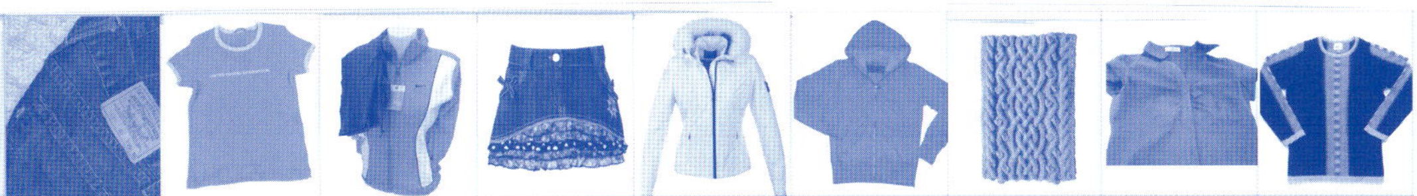

	1	2	3	4	5	6	7	8	9
festa di compleanno									
gita scolastica									
palestra									
sciare					✔				

9 ***A cosa vi fa pensare ogni colore?*** **Simone Cristicchi spricht in seinem Lied *Ti regalerò una rosa* von roten und weißen Rosen. Woran denkt ihr bei den Farben, welche Gefühle und Erinnerungen verbindet ihr mit ihnen? Vervollständigt die Sätze, wie in dem Beispiel, und verwendet sie, um ein eigenes kleines Lied oder ein Gedicht zu schreiben. Kennt ihr ein deutsches Lied, in dem Farbvergleiche vorkommen?**

Ti regalerò una rosa Una rosa rossa per dipingere ogni cosa Una rosa per ogni tua lacrima ... E una rosa per poterti amare	Ti regalerò una rosa Una rosa bianca ... Una rosa bianca ... per dimenticare Ogni piccolo dolore

Rosso come... *una rosa*

Blu come	Grigio come ....
Verde come	Azzurro come ....
Rosa come	Nero come ....
Giallo come	Bianco come ....

LA MIA POESIA / LA MIA CANZONE

21

10 **a. Hört euch den Dialog an und füllt die Lücken aus (ein Wort pro Lücke).**

Paolo:	Dino, ... da Footlocker. Hanno delle scarpe da calcio stupende!
Dino:	Sì, ... idea! Voglio cercare anche una .... per il basket.
Commessa:	Buongiorno ragazzi. .... aiutarvi?
Paolo:	Sì, ho visto in vetrina delle .... da calcio.
Commessa:	Sì, certo. Abbiamo scarpe di tutte le marche... Cerchi una marca in ....?
Paolo:	Puma, le mie preferite. Avete il .... 39?
Commessa:	Un attimo che le cerco. Eccole. Prego... .... bene?
Paolo:	Sì, sono perfette. Quanto ....?
Commessa:	Oggi c'è uno sconto del 20% su tutto l'abbigliamento per il calcio. Quindi 35 euro e 20.
Paolo:	Che ....un affare!

b. Vervollständigt jetzt den Dialog zwischen der Verkäuferin und Dino. Erinnert ihr euch noch? Dino sucht ein T-Shirt! Wenn ihr Hilfe braucht, lest noch einmal den Dialog auf Seite 55 im *Libro di classe*!

Dino: Scusi, ...?
Commessa: Sì, ...
Che ....?
Dino: La ....
Commessa: Ecco, ...
Dino: Mi piace! Ok, ...

11 ***Drei gewinnt!*** **X oder O? Vervollständigt in Partnerarbeit die Sätze mit dem reflexiven Verb im *Passato prossimo*, wie in dem Beispiel.**

Giulia non *si è provata* i jeans che ha comprato. ***provarsi***	Dino .... tardi stamattina. ***svegliarsi***	Io e Alessia .... eleganti per la festa. ***vestirsi***
Dino e Stefania .... a casa di Paolo dopo la scuola. ***fermarsi***	Io .... bene per l'esame. ***prepararsi***	Gianni e Stefano .... appuntamento in piazza. ***darsi***
Loro .... male dopo il concerto di ieri sera. ***sentirsi***	Tu .... presto per andare a fare le spese. ***alzarsi***	Paolo .... per dieci minuti allo specchio prima di uscire. ***guardarsi***

12 ***Che cosa hanno fatto ieri sera Alessia e Giulia?*** **Bringt die Sätze in die richtige Reihenfolge. Markiert dann die reflexiven Verben im *Passato prossimo*, wie in dem Beispiel.**

- [1] Ieri mattina io e Giulia siamo uscite.
- [ ] Prima di uscire, io mi sono messa una giacca perché pioveva;
- [ ] Ci siamo provate le nuove scarpe da ginnastica della Nike. Favolose!
- [ ] Ci siamo incontrate in centro e mia madre ci ha accompagnate al centro commerciale "I gigli".
- [ ] Insomma, ci siamo divertite veramente tanto a fare shopping!
- [ ] Io mi sono svegliata presto perché ero contenta di andare a fare spese.
- [ ] Giulia, invece, si è vestita con la tuta da ginnastica per stare comoda.

13 **Vervollständigt die kurzen Dialoge jeweils mit dem passenden Satz.**

Sì, è bellissimo!	Che taglia è?	C'è anche in rosso?
Che numero porta?	Quant'è?	C'è uno sconto?

1. • ....?
   • Costa ventidue euro, signorina.
2. • ....?
   • No, mi dispiace. Abbiamo prezzi fissi.
3. • ....?
   • No, c'è solo in bianco.
4. • ....?
   • Il 36.
5. • È molto alla moda!
   • ....
6. • È un po' stretto!
   • ....

14 Vervollständigt die Sätze mit den reflexiven Verben und den Modalverben, wie in dem Beispiel.

	Opzione 1	Opzione 2
1.	Mi voglio provare quel paio di scarpe.	Voglio provarmi quel paio di scarpe.
2.	Ti devi svegliare presto?	....
3.	....	Vuole fermarsi a casa.
4.	Ci possiamo incontrare al cinema?	....
5.	....	Volete mettervi una giacca?
6.	Si vogliono divertire durante le vacanze.	....

Wählt jetzt die beiden Sätze, die zu den Fotos passen.

....

Test finale

A Findet in jeder Zeile das reziproke Verb heraus.

1. vestirsi, sposarsi, riposarsi, lavarsi
2. svegliarsi, addormentarsi, annoiarsi, baciarsi
3. incontrarsi, prepararsi, divertirsi, laurearsi
4. pettinarsi, alzarsi, abbracciarsi, chiamarsi

B Löst die Aufgaben in jeder Spalte, wie in den Beispielen.

Che cos'è? Ordne die Ausdrücke den Bildern zu.	Wie antwortest du?	Konjugiere die Verben im *Presente.*	Konjugiere die Verben im *Passato prossimo.*	Bringe die Sätze in die richtige Ordnung.
La maglietta *a)*	Che numero porti?	(io) vestirsi	(loro) amarsi	scuola Ci a ? incontriamo ....
I pantaloni	Che taglia vuoi?	(tu) prepararsi	(voi) provarsi	telefono al sentite Vi spesso ....
Fare spese	Che ne pensi?	(lui) alzarzi *si alza*	(io) fermarsi	di rock Un veste gruppo nero si ....
Le scarpe	Mi sta bene?	(noi) incontrarsi	(voi) sentirsi	e alle trenta svegli Ti nove ....
La gonna	Posso aiutarti?	(voi) trovarsi	(loro) conoscersi	appuntamento Si cinema al danno *Si danno appuntamento al cinema*

C **Füllt das Kreuzworträtsel mit den Farben der dargestellten Gegenstände aus.**

1. Il sole è di colore ...
2. Di che colore è la giacchetta di Alessia a pagina 41 del manuale?
3. È il colore della neve.
4. Il petrolio è di colore ...
5. Di solito i jeans sono di colore ...
6. I colori della bandiera francese: blu, bianco e ...

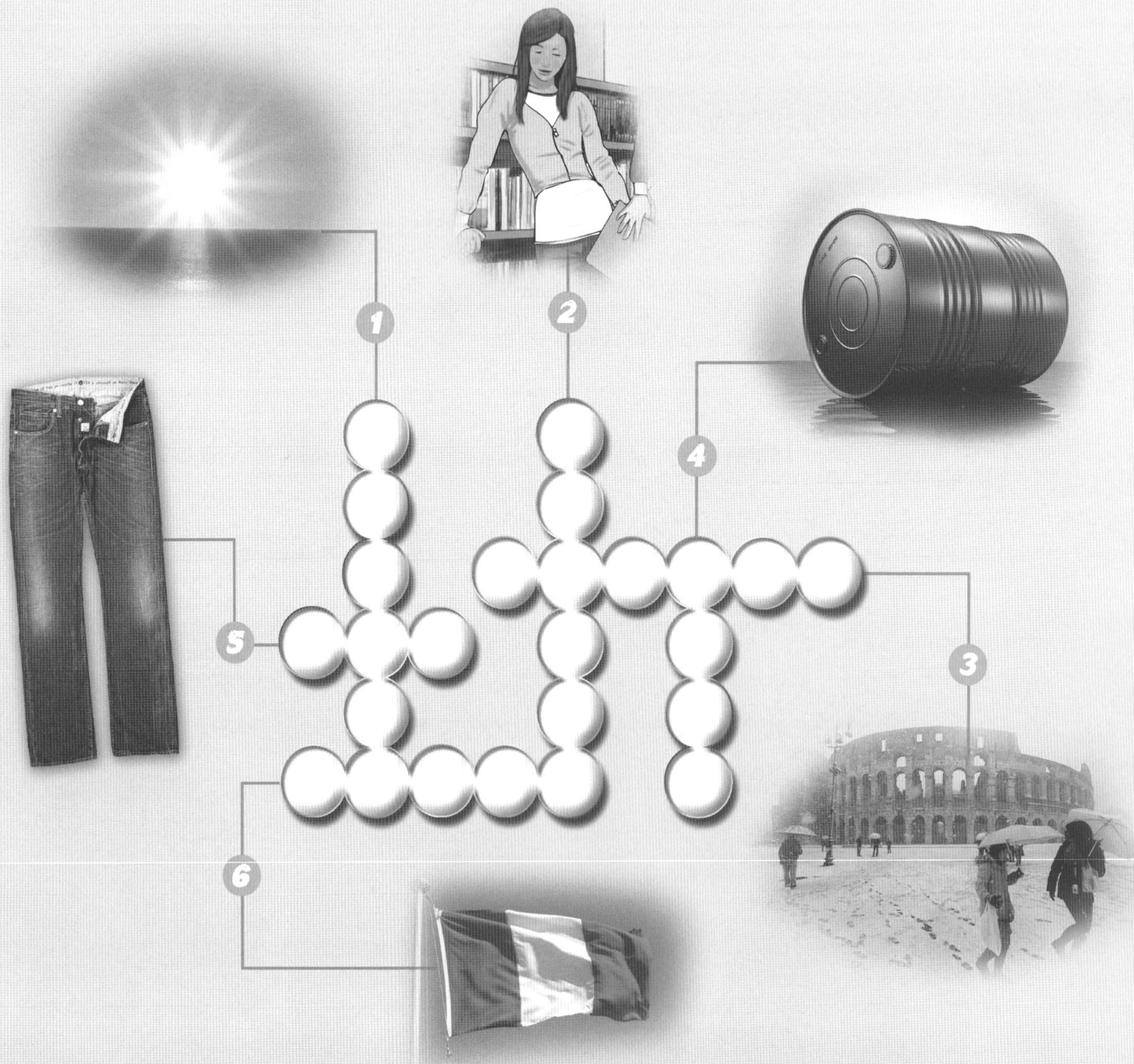

Richtige Antworten: __/32

1 Beschreibt die Sportarten wie in dem Beispiel.

	 all'aperto	 al coperto	 di squadra	 individuale	 in acqua	 con il pallone
la pallacanestro						
il calcio	✓		✓			✓
il ciclismo						
il nuoto						
la pallavolo						
il tennis						

Tragt nun in der Tabelle 3 weitere Sportarten, die ihr kennt, ein.

1.						
2.						
3.						

2 Lest noch einmal den Dialog auf Seite 64 im *Libro di classe* und verbindet die passenden Ausdrücke.

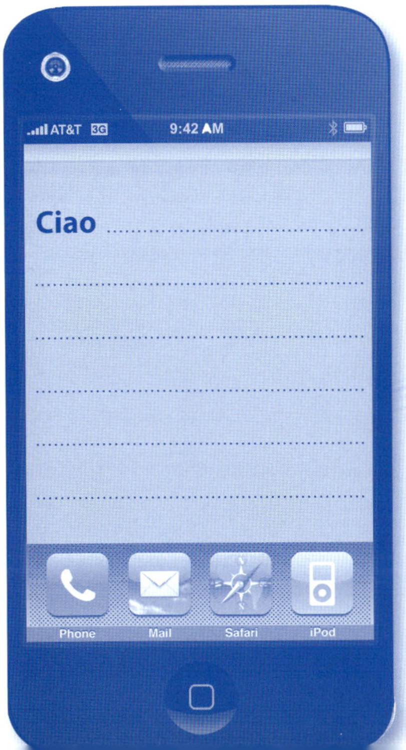

1. Ti posso dare...	a. Sai?
2. Ti va di venire...	b. in questo periodo?
3. È quello che fanno tutti i grandi cantanti...	c. vero?
4. È una canzone di Ligabue,...	d. a guardare la partita?
5. Vieni con noi,...	e. un consiglio?
6. Perché non fai un po' di sport...	f. no?

Schreibe jetzt eine SMS an deinen Freund oder deine Freundin.

a) Invitalo/la a casa tua a vedere la partita.
b) Invitalo/la a correre con te nel parco.

3 **Ersetzt die markierten Satzglieder mit einem indirekten Objektpronomen und ordnet jedem Satz das passende Bild zu.**

a

b

c

1) Do un regalo ai miei. .... do un regalo.
2) Preparo un caffè a mio zio. .... preparo un caffè.
3) Scriviamo un'e-mail alla nonna. .... scriviamo un'e-mail.
4) Roberto chiede una penna a me. .... chiede una penna.
5) La prof spiega la lezione a noi. La prof .... spiega la lezione.
6) Alessia offre un gelato a te. Alessia .... offre un gelato.

d

e

f

4 **Lest Alessias Tagebucheintrag und unterstreicht im Text die indirekten Objektpronomen, wie in dem Beispiel.**

Home Profilo personale Amici Foto e messaggi Cerca

Alessia

Profilo Amici Foto Album dei ritagli Diario Gruppi

Oggi voglio parlare con Giulia. Le telefonerò dopo la scuola. Dobbiamo organizzarci con l'allenatore per la partita di pallavolo di domani. Gli parleremo dei giocatori avversari e lui ci darà qualche consiglio. Giulia mi porterà le scarpe nuove che abbiamo comprato al centro commerciale. Non vedo l'ora! Vi mostreremo quanto è grande la nostra squadra!

Pronome indiretto	Si riferisce a
le	*Giulia*

Tragt nun die indirekten Objektpronomen in die Tabelle ein und bestimmt, auf wen sie sich beziehen.

5 *Cuore, esagono, rettangolo*. **Findet zu jeder Frage die passende Antwort und schreibt sie auf.**

ti | offre | aiuto | compro | gli | chiede
sembra | gli | parlo | oggi | porto | un profumo
le | ci | io | un gelato | bella | vi

1. – Quando parli con Paolo? – ....
2. – Che cosa compri per tua madre? – ....
3. – Chi mi accompagna in centro? – ....
4. – Cosa vi offre Luca al bar? – ....
5. – Cosa ci chiede Dino in classe? – ....
6. – Come sembra la nostra canzone ai giudici? – ....

6 **Vervollständigt die Sätze mit einigen der direkten oder indirekten Objektpronomen, die ihr auf den Trikots der Spielerinnen seht.**

1. Francesca parla a me?	=	Francesca .... parla.
2. Compriamo una racchetta a Giulia?	=	.... compriamo una racchetta?
3. Gli spettatori guardano voi.	=	Gli spettatori .... guardano.
4. L'allenatore chiama te in campo.	=	L'allenatore .... chiama in campo.
5. Dino non vede Carla da un mese.	=	Dino non .... vede da un mese.
6. Paolo, hai le scarpe da calcio?	=	Paolo, ... hai?
7. Stefania telefona a Marco.	=	Stefania .... telefona.
8. Dino racconta a Paolo la partita di ieri.	=	Dino .... racconta la partita di ieri.

7 Ordnet die Sätze richtig zu, wie in dem Beispiel.

1. Mi presti...	a) per favore? Ho bisogno dei tuoi libri d'inglese.
2. Ci dispiace...	b) la racchetta?
3. Ti dà fastidio...	c) ma non ho nessuna voglia di fare shopping oggi. Resto a casa.
4. Mi puoi dare una mano,...	d) perdere in questa maniera?
5. Mi dispiace...	e) ma non possiamo venire al cinema. Siamo molto stanche.
6. Ti pare giusto...	f) se ascolto la musica in macchina?

8 Ordnet den Begriffen die richtige Definition zu.

1. Il pallone	a. è rotondo e serve per giocare
2. Il canestro	b. fa parte della squadra
3. Il campo	c. le Adidas sono un esempio
4. L'allenatore	d. dove si tira il pallone nel calcio
5. La rete	e. la persona che allena i giocatori
6. Il giocatore	f. è il giudice che prende le decisioni durante il gioco
7. L'arbitro	g. dove si lancia il pallone a pallacanestro
8. Le scarpe sportive	h. dove gioca la squadra

9 Lest noch einmal den Dialog auf Seite 69 im *Libro di classe*. Eine Journalistin, die den Musikwettbewerb mitverfolgt, interviewt Paolo und möchte wissen, was Dino passiert ist. Schreibt die Fragen der Journalistin.

Paolo: Eh sì, Dino, il nostro cantante, si è fatto male.
Giornalista: Male? ....?
Paolo: Mentre correvamo gli ha fatto male il ginocchio.
Giornalista: Oh no! ....?
Paolo: Il medico gli ha detto di rimanere a letto per qualche giorno.
Giornalista: Qualche giorno? ....?
Paolo: Non lo so. Anche Dino è preoccupato per il concorso.
Giornalista: Poverino. E adesso ....?
Paolo: No, adesso è a casa.
Giornalista: Capisco. ....?
Paolo: Sì, sarà con noi al concorso. Il dottore ci ha detto che starà bene tra una settimana.

E le prove
è in ospedale
Cioè
Parteciperà al concorso
È grave

10 Markiert die richtige Bedeutung, wie in dem Beispiel.

1. Dino li ha portati ieri.
   - a. Dino ha portato gli strumenti.
   - b. Dino ha portate le pizze.

2. La prof l'ha corretto stamattina.
   - a. La prof ha corretto la presentazione.
   - b. La prof ha corretto il progetto.

3. L'abbiamo già vista.
   - a. Abbiamo già visto Giulia.
   - b. Abbiamo già visto Dino.

4. Le avete detto del concerto?
   - a. Avete detto a lei del concerto?
   - b. Avete detto a loro del concerto?

5. Vi hanno ascoltato alle prove?
   - a. Hanno ascoltato te e Paolo?
   - b. Hanno ascoltato Paolo e Dino?

6. Gli ha dato una medicina.
   - a. Ha dato una medicina ad Alessia.
   - b. Ha dato una medicina ad Alessia e Giulia.

7. Ci hanno fatto un favore.
   - a. Hanno fatto un favore a te e a Stefania.
   - b. Hanno fatto un favore a me e a Stefania.

11 Findet den Gegenstand oder die Person heraus, die zu den einzelnen Mini-Dialogen passt. Achtung: Könnt ihr das versteckte Wort herausfinden?

-Mamma, le hai comprate?
-Scusa, non ancora! 1

-Le hai parlato stamattina?
-Sì, a scuola. 2

-Gli hai comprato una maglietta nuova per la partita?
-Ma certo! 3

-L' hai tirato?
-Sì, dritto in porta! 4

-L'avete suonata alle prove?
-Sì, fantastica! 5

- L' avete visto il concerto ieri sera?
-Sì, bellissimo! 6

La parola "nascosta" è: il ___ ___ ___ ___ ___ ___ ___

12 Schaut euch noch einmal Seite 73 im *Libro di classe* an und tragt in die Tabelle ein, welche Aktivitäten gut für die Gesundheit sind und welche nicht.

guardare la TV per più di 2 ore al giorno — partecipare a gare sportive — camminare — andare a scuola in bici — giocare molto ai videogiochi — non fare sport

FA BENE ☺	FA MALE ☹

Schreibt jetzt auf, was man machen muss, um in Form zu bleiben. Ihr könnt alleine oder mit einem Partner zusammen arbeiten.

....

.... essere in forma ....

Test finale

A **Vervollständigt die Sätze mit dem passenden indirekten Objektpronomen.**

1. Giovanna vede la signora Pandolfi e .... dice "Buongiorno!".
   a. gli b. mi c. le

2. Giovanna vede un suo amico e .... chiede "Come va?".
   a. gli b. le c. vi

3. Giovanna vede due professori e .... augura buona giornata.
   a. gli b. li c. le

4. Giovanna vede te e Dino e .... augura "Buona giornata!".
   a. ci b. mi c. vi

5. Giovanna vede me e Paolo e .... chiede "Come state?".
   a. vi   b. ci   c. le

6. Giovanna vede me e .... chiede "Dove vai?".
   a. ci   b. mi   c. Vi

B Ersetzt die markierten Satzteile mit einem direkten oder indirekten Objektpronomen.

1. Io regalo un profumo di Armani a Giulia.	a) le	b) lo	c) gli
2. Io aggiusto la bici a Elisabetta.	a) gli	b) la	c) le
3. Io offro una cena al ristorante ai miei genitori.	a) vi	b) gli	c) la
4. Io presto un libro di cucina a mia sorella.	a) lo	b) le	c) La
5. Io compro dei giocattoli al mio fratellino.	a) gli	b) la	c) li
6. Io ho suonato la chitarra per vari anni.	a) la	b) lo	c) ti
7. Io presto 100 euro a te e a Giampiero.	a) ci	b) vi	c) gli
8. Io canto una canzone rock per te.	a) mi	b) ti	c) la

C Findet in dem Kreuzwortpuzzle acht Begriffe, die mit Mannschaftssport zu tun haben.

R	I	S	P	A	R	M	C	O	D	V
L	P	A	R	T	I	T	A	S	S	B
R	A	F	I	U	C	A	M	P	O	M
R	L	T	E	G	G	E	P	E	S	P
E	L	R	O	B	L	Z	I	M	Q	O
C	A	L	C	E	T	T	O	O	U	E
F	V	N	E	R	G	I	N	E	A	D
M	O	P	A	R	T	P	A	S	D	F
E	L	G	I	O	C	A	T	O	R	E
O	O	S	T	A	D	I	O	T	A	V

Richtige Antworten:__/22

Un concerto

1 *Hitparade!* Tragt in die Tabelle eure Lieblingsgruppen oder Lieblingssänger ein. Stellt eure eigene Rangliste auf und vergleicht sie mit denen eurer Mitschüler.

Gruppo/cantante	Genere musicale	Album più venduto/scaricato

27

2 Hört euch noch einmal den Dialog auf Seite 78 im *Libro di classe* an und schreibt eine kurze Zusammenfassung (30-40 Wörter). Verwendet die angegebenen Wörter.

ginocchio	sostituire	partita	lontano	taxi

3 Gebt wie in dem Beispiel an, was Giulia vor dem Konzert zu den anderen sagt.

TU:
1. provare il microfono ....
2. restare calmo ....
3. seguire il ritmo ....

NOI:
1. mettere le magliette ....
2. salire sul palco ....
3. cominciare tutti insieme ....

VOI:
1. prendere posto — prendete posto!
2. salutare il pubblico ....
3. respirare profondamente ....

4 **Ordnet die passenden Sätze zu und markiert rot die Imperativformen, wie in dem Beispiel.**

1. No! Come faremo con il concorso?	a) Semplice... prendi un aereo!
2. Come vengo alle prove? Non ho un passaggio!	b) Hai ragione. Cominciamo!
3. Questa prova la facciamo o no?	c) Andate alla partita di Paolo! Lui sarà contento.
4. Come vado in Australia?	d) Dai, cerchiamo di essere ottimisti!
5. Che cosa facciamo domenica?	e) Chiama il dottore! Lui ti darà qualcosa...
6. Mi fa male il ginocchio!	f) Dai, studia domani! Sei un secchione...
7. Mi dispiace, devo studiare per l'esame.	g) Trova un taxi! Non puoi mancare...

5 **Wählt die richtige Form des Imperativs mit Pronomen. Addiert die Gewinnbeträge eurer richtigen Antworten und schreibt das Ergebnis auf.**

1. (tu) calmarsi	a. calmati	b. calmasi	€ 150
2. (voi) comprare – le scarpe	a. comprateli	b. compratele	€ 300
3. (noi) prendere – il taxi	a. prendiamolo	b. prendiamoci	€ 450
4. (tu) cercare – la chitarra	a. cercami	b. cercala	€ 600
5. (noi) chiamare – Dino	a. chiamiamolo	b. chiamiamola	€ 750
6. (voi) finire – le prove	a. finitevi	b. finitele	€ 900

Totale della vincita: .... €

Cosa farai con tutti questi soldi?

29

6 **Hört euch die Ermahnungen an, die Dinos Mutter gibt. Markiert in der Tabelle, was er machen soll (Spalte ☺) und was er nicht machen soll (Spalte ☹).**

	Sì ☺	No ☹
1. camminare molto		
2. andare dal medico		
3. riposare		
4. prendere un taxi		
5. dimenticare le chiavi		
6. tornare presto		

7 **Lest die folgenden Mitteilungen und schreibt die entsprechende Funktion des Imperativs neben die markierten Verben, wie in dem Beispiel.**

avviso pubblico | *dare ordini* | dare consigli
pubblicità | proibire | dare istruzioni

A

Cara Alessia,
prima di uscire con i tuoi amici,
pulisci la tua camera
chiama la nonna al numero che ho lasciato in cucina
e soprattutto non mettere i jeans di tua sorella!
TVB mamma

dare ordini ....

....

....

....

B

C

....

D

Volete mangiare bene?
Allora andate al ristorante "La sirena"!
Radio DJ

....

8 **Alessia hat heute wirklich schlechte Laune und sagt immer das Gegenteil von dem, was die anderen vorschlagen! Schreibt die Imperative in die Verneinungsform um, wie in dem Beispiel.**

TU
1. Ascolta i tuoi amici! ....
2. Scherza con Paolo! ....
3. Porta la chitarra! ....

NOI
1. Andiamo al concerto! ....
2. Proviamo ancora! Non proviamo più!
3. Crediamo a Giulia! ....

VOI
1. Mettete le magliette! ....
2. Telefonate a Dino! ....
3. Leggete il testo! ....

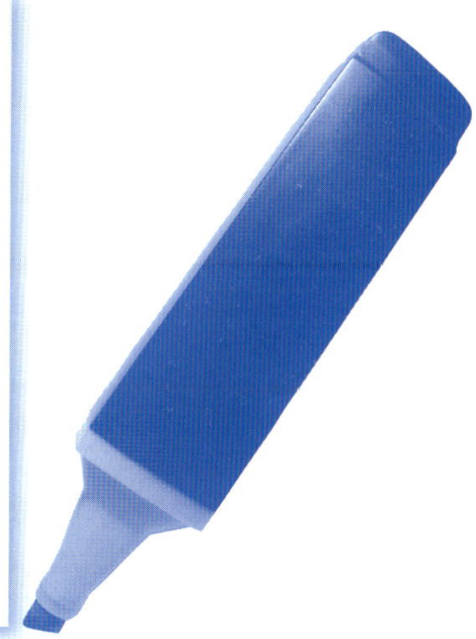

9 **Erinnert ihr euch an den Dialog auf Seite 83 im *Libro di classe*? Bringt die Sätze in eine logische Reihenfolge.**

___ Non preoccupatevi, sto bene, sono solo molto ansioso. È andata bene, no?
___ E vai! Bene, ora per festeggiare andiamo a mangiare qualcosa!
_1_ E adesso l'ultimo gruppo in gara: "Eppure soffia", cantano i "Paolo non c'è".
___ No, veramente, secondo me avete... abbiamo vinto!
___ Dino, siediti. Ti fa male?
___ Al secondo posto... i "Paolo non c'è" che vincono un viaggio a Milano!
___ Io penso di sì, speriamo che anche la commissione avrà la stessa idea.
___ Non ci prendere in giro! Qua ci sono più di 30 gruppi!

Und jetzt... erfindet ein anderes Ende!

Presentatore: ....!
Paolo: Non ci posso credere! Ragazzi, ...
Giulia: Sì, ...

10 **Ersetzt Personen und Dinge mit den entsprechenden Pronomen und schreibt den verneinten Imperativ in beiden Formen, wie in dem Beispiel.**

1. (tu) Non + suonare +  = *Non suonarla!* oppure *Non la suonare!*
2. (voi) Non + mettere +  = ...!
3. (noi) Non + telefonare + a LUI = ...!
4. (noi) Non + prendere +  = ...!
5. (voi) Non + portare  = ...!
6. (tu) Non + prendere in giro + ME = ...!

11 ***Battaglia navale*** **(Schiffe versenken)! Versucht alleine oder zusammen mit einem Partner alle Schiffe zu treffen, indem ihr die richtigen Formen der unregelmäßigen Imperative wählt. Achtung, es gibt ein paar Raketen zu viel!**

Esempio: 2B Va' (1)

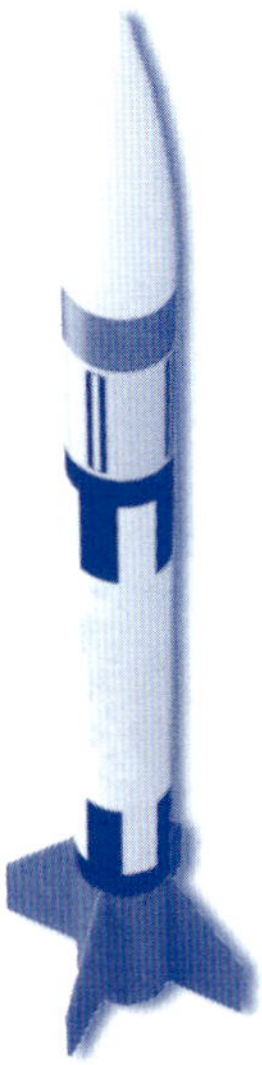

MISSILI
1. Va'
2. Diciamo
3. State
4. Fate
5. Facciamo
6. Da'
7. Date
8. Dite
9. Diamo
10. Andiamo

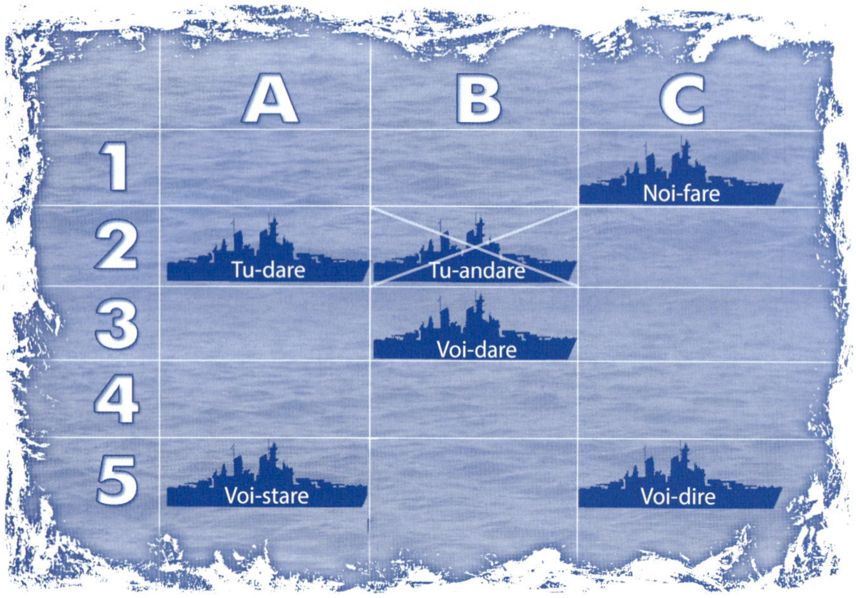

12 ***Come andare da scuola a casa dei ragazzi?*** **Schreibt die Sätze um, indem ihr die Symbole mit den passenden Ausdrücken ersetzt.**

va' dritto — gira a sinistra — gira a destra — prendi l'autobus — incrocio — semaforo

Per andare da scuola a casa di...

...Paolo: , per 200 metri, e al primo .
Al numero 46, terzo piano, c'è l'appartamento di Paolo.

....

...Chiara: fino alla prima fermata, 34 e scendi dopo quattro fermate, e al primo . Troverai via Garibaldi, al numero 16 è la casa di Chiara.

....

...Dino: , , al terzo . La casa di Dino è al numero 95.

....

Und wie ist dein Schulweg?

32

13 **a. Hört euch die Interviews an und markiert die Namen der genannten Sänger.**

Katy Perry

Tiziano Ferro

Cascada

David Guetta

Fabri Fibra

Jovanotti

b. Hört euch die Interviews noch einmal an und markiert die richtige Antwort.

1. I ragazzi ascoltano musica

a. ☐ soprattutto straniera
b. ☐ soprattutto italiana
c. ☐ solo straniera

2. Tra i generi preferiti ci sono

a. ☐ musica rock straniera e rap
b. ☐ musica house e cantautori italiani
c. ☐ musica house e rap

3. Per ascoltare la musica preferiscono

a. ☐ comprare sempre i cd
b. ☐ guardare video su Youtube
c. ☐ scaricare le canzoni da internet

4. I ragazzi vanno ai concerti

a. ☐ sempre
b. ☐ mai
c. ☐ qualche volta

Test finale

A Markiert das Wort, das nicht in die Reihe passt.

1.	FESTIVAL	TOURNEE	CALCIO
2.	GINOCCHIO	TESTI	AUTORE
3.	CANTANTE	STAZIONE	MUSICA
4.	SUONARE	CANTARE	CAMMINARE
5.	SCARPE	BATTERIA	CHITARRA
6.	CONCERTO	PROVE	RIVISTA

B Lest Alessias Blog und markiert, ob die folgenden Aussagen richtig (V) oder falsch (V) sind.

Home Profilo personale Amici Foto e messaggi Cerca

Alessia

Profilo Amici Foto Album dei ritagli Diario Gruppi

Ragazzi, che forza! Ieri abbiamo partecipato al concorso musicale e siamo arrivati secondi! La canzone era quella di Ligabue, sul tema dell'ambiente. Una canzone lenta che abbiamo adattato un po'. Dino stava male con il ginocchio, ma ce l'ha fatta. È riuscito ad esserci. Il presentatore ha trovato il nome del nostro gruppo molto originale. I nostri amici ci hanno mandato tanti SMS quando abbiamo finito di cantare! Adesso ci aspetta Milano!

- ☐ 1. Il gruppo di Alessia ha vinto il primo premio
- ☐ 2. La canzone parlava di ecologia
- ☐ 3. Hanno cantato una canzone hip hop
- ☐ 4. Dino non ha partecipato
- ☐ 5. Al presentatore non è piaciuto il nome del gruppo
- ☐ 6. Gli amici hanno scritto messaggini al gruppo di Alessia
- ☐ 7. Alessia e i ragazzi partono per la Francia

C **Wählt die richtige Form.**

1. Ragazzi, (1)................................ gli strumenti e (2)................................ a suonare!

1)	a. preparate	2)	a. comincia
	b. prepari		b. cominciate
	c. prepariamo		c. cominci

2. Dino, (1)................................ il progetto e (2)................................ la tua camera!

1)	a. finite	2)	a. puliscono
	b. finisci		b. pulisci
	c. finiscono		c. pulite

3. Mamma, per favore (1)................................ le magliette e (2)................................ a nonna!

1)	a. ordinate	2)	a. telefoni
	b. ordina		b. telefonerete
	c. ordineremo		c. telefona

4. Giulia e Dino, (1)................................ il microfono e (2)................................ qui ad aspettare il presentatore!

1)	a. prendi	2)	a. sta'
	b. prende		b. state
	c. prendete		c. stanno

5. Giulia, tu ed io (1)................................ in centro e (2)................................ spese!

1)	a. andiamo	2)	a. fate
	b. andate		b. fa'
	c. va'		c. facciamo

6. Tu (1)................................ a casa di Paolo e (2)................................ il testo della canzone!

1)	a. va'	2)	a. porti
	b. vanno		b. porta
	c. andate		c. porterà

Richtige Antworten: __/25

Minitest

Unità 1

Lest die Sätze und füllt das Kreuzworträtsel aus.

Waagerecht

3. Ogni gruppo canterà una ...
5. Ogni scuola deve scegliere un gruppo ...
6. Amicizia tra due scuole.
7. Ma tu sai suonare qualche ...?
9. Se vai ... così, non vincerai sicuramente il concorso!
10. Tempo verbale per fare progetti.

Senkrecht

1. – E Serena?
   – Mah, ... partita per le vacanze!
2. Il progetto di educazione ... è molto interessante e utile.
4. Dà attenzione e difende l'ambiente naturale.
8. Verrai dopo che ... finito di fare i compiti?

Überprüft eure Antworten auf Seite 75.
Seid ihr zufrieden?

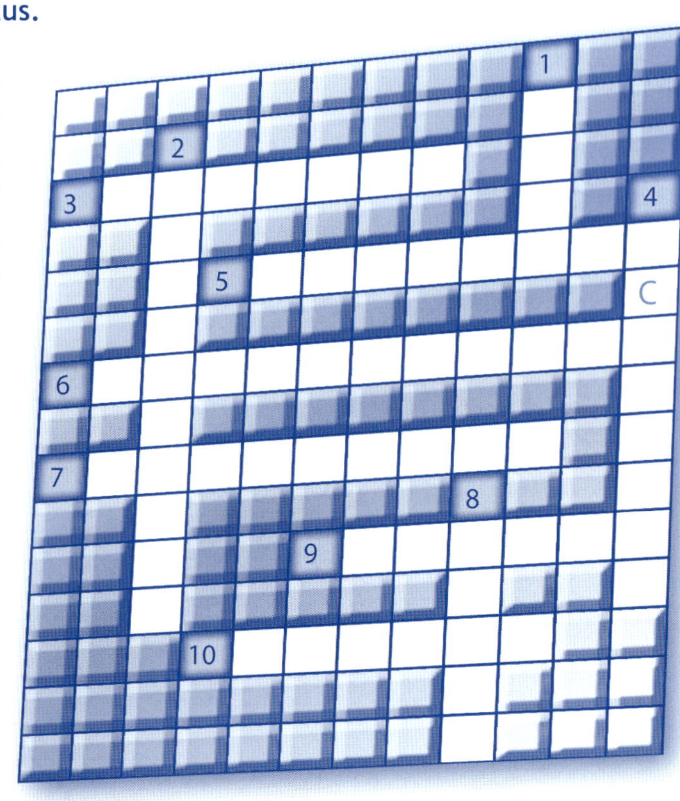

Unità 2

Lest die Sätze und füllt das Kreuzworträtsel aus.

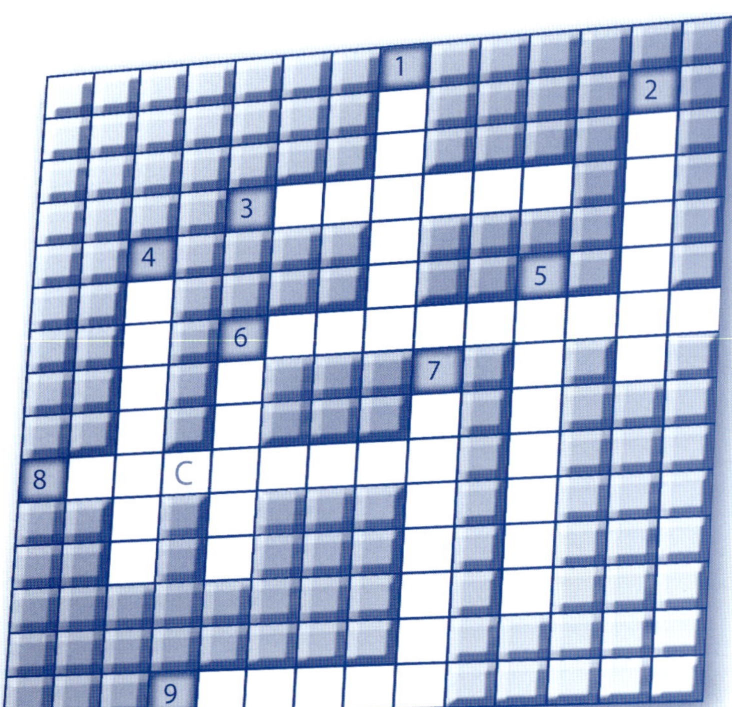

Waagerecht

3. Rai1, Rai2, Rai3 sono ... televisivi.
6. Ieri sera, mentre la mamma ... la cena, io guardavo la tv.
8. – Questo programma è noioso!
   – No, non sono ...! È molto interessante!
9. Tra secondo e quarto.

Senkrecht

1. Mi ha telefonato proprio ... andavo a casa sua.
2. Ieri … molto caldo e siamo andati al mare.
4. Non hai visto il film su Canale 5, ieri? ..., era davvero bello.
5. Programma che propone vita reale in tv.
6. Ma davvero è già iniziato il secondo ... di *Cantare*?
7. Quando ero piccolo ... a casa da scuola con l'autobus.

Überprüft eure Antworten auf Seite 75.
Seid ihr zufrieden?

Unità 3

Lest die Sätze und füllt das Kreuzworträtsel aus.

Waagerecht

3. Riutilizzare i rifiuti.
4. Ha due ruote e non ha motore.
5. Suoniamo in campagna! Non daremo ... a nessuno.
8. Strumento musicale elettrico con i tasti.
9. Devo comprare una lampadina a basso ...
10. Abiti in campagna? Davvero? Non ... sapevo!

Senkrecht

1. Il ... di energia e acqua è molto importante per l'ambiente.
2. L'auto che non inquina.
6. Per i rifiuti dobbiamo farla differenziata.
7. Strumento musicale e aggettivo.

Überprüft eure Antworten auf Seite 75.
Seid ihr zufrieden?

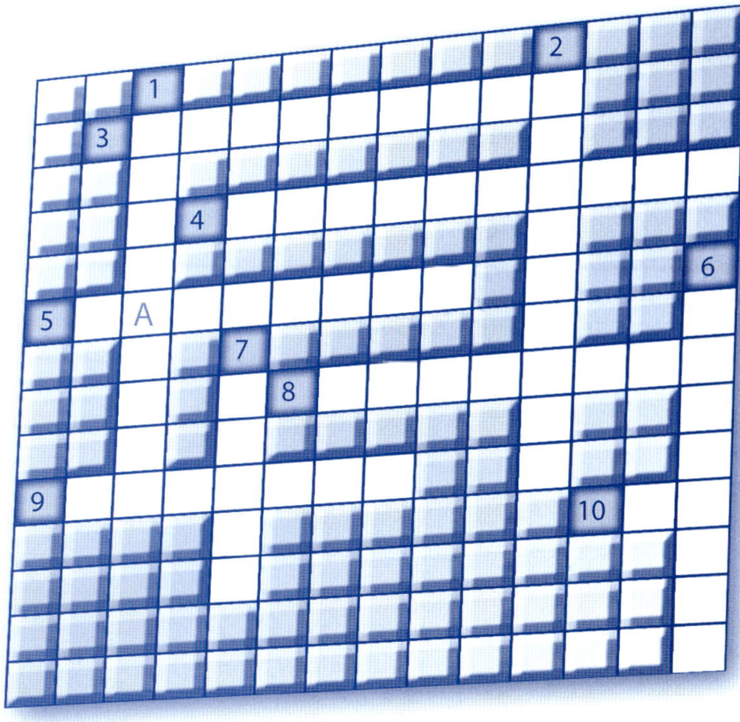

Unità 4

Lest die Sätze und füllt das Kreuzworträtsel aus.

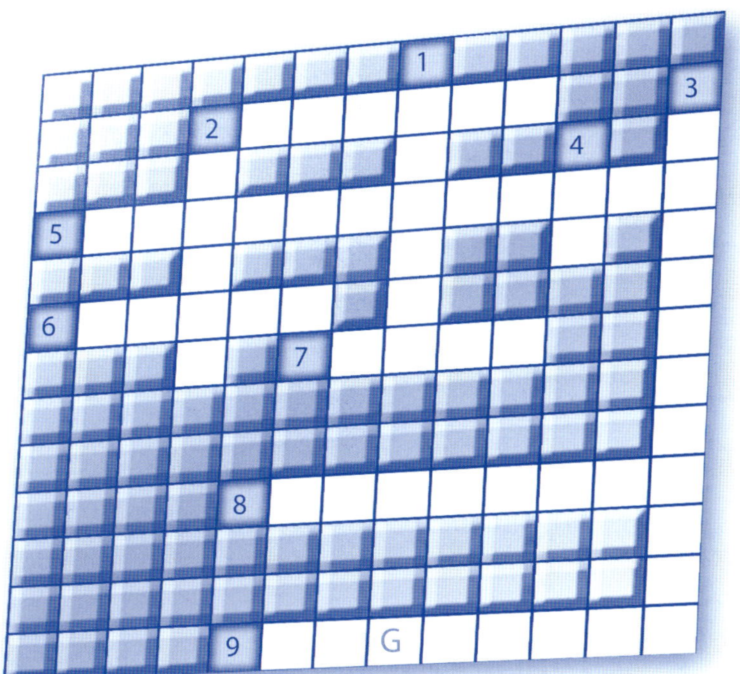

Waagerecht

2. Colore tra il bianco e il nero.
5. Ragazzi, ci vediamo stasera! ... a casa di Dino alle 8.
6. Può dirmi quanto ... questa maglietta?
7. Quella italiana è famosa nel mondo.
8. Indossare i vestiti.
9. Lo mettiamo sopra la camicia quando fa freddo.

Senkrecht

1. Il colore del sole.
2. Domani andremo a fare ... Ho bisogno di una nuova maglietta!
3. Un centro con tanti negozi.
4. Guarda quella gonna! Che ... pensi?

Überprüft eure Antworten auf Seite 75.
Seid ihr zufrieden?

Unità 5

Lest die Sätze und füllt das Kreuzworträtsel aus.

Waagerecht

3. Devi fare un po' di sport, non sei molto in ...!
4. Hai comprato una bella ... da ginnastica, ma non la usi mai!
7. Ti posso dare un ...? Non mangiare molti dolci!
8. Domani abbiamo l'ultima ... prima del concerto.
9. Mi ... ma non ti posso aiutare.
10. Oggi in tv c'è Juventus-Milan: sarà proprio una bella ...!

Senkrecht

1. Io sono ... dell'Inter, e tu?
2. Uno sport che pratichiamo in piscina.
5. La pallavolo è uno sport di ...
6. Ha telefonato Stefania, ... ho detto di chiamare più tardi.

Überprüft eure Antworten auf Seite 75.
Seid ihr zufrieden?

Unità 6

Lest die Sätze und füllt das Kreuzworträtsel aus.

Waagerecht

3. Non aver paura per l'esame, sono sicuro che ce la ...!
6. Per favore, potete abbassare il ...? Non posso dormire!
7. Dino ha il ginocchio fuori ...
9. Non essere nervoso, ...! La situazione non è così grave.
10. Non è ... mia se mi sono fatto male un'ora prima del concerto!

Senkrecht

1. Per accendere il cellulare devi premere il ... rosso.
2. Vuoi uscire con gli amici? Prima però ... i compiti!
4. Persone che assistono ad uno spettacolo.
5. Da questo sito puoi ... tutte le canzoni che vuoi!
8. Le usiamo quando ascoltiamo musica con l'i-pod.

Überprüft eure Antworten auf Seite 75.
Seid ihr zufrieden?

Vokabeln

Die Wörter sind nach Lektionseinheiten (*Libro di classe* bzw. *Quaderno degli esercizi*) untergliedert und in alphabetischer Ordnung aufgelistet. Wenn die Betonung nicht auf die vorletzte Silbe fällt, ist der betonte Vokal unterstrichen, ebenso in Zweifelsfällen (z.B. *dialogo, farmacia*).

	Abbreviazioni	***Abkürzungen***		**Abbreviazioni**	***Abkürzungen***
avv.	avverbio	*Adverb*	*inf.*	infinito	*Infinitiv*
f.	femminile	*weiblich*	*m.*	maschile	*männlich*
sg.	singolare	*Singular, Einzahl*	*pl.*	plurale	*Plural, Mehrzahl*

Prima di... cominciare

LIBRO DI CLASSE

abbinare: verbinden
burro: Butter
cellulare, *il*: Mobiltelefon
chiacchierare: plaudern
chiedere: fragen
contorno: Beilage
durante (*avv.*): während
funzione, *la*: Funktion
hobby, *l'* (*m.*): Hobby
in orario: rechtzeitig, pünktlich
iniziare: beginnen
involtini alla romana, *gli*: Fleischröllchen mit Schinken und Salbei
navigare: surfen
perciò: somit
perdere: verlieren
rifiutare: ablehnen
scarico/a: entladen
un sacco di...: einen Haufen
verificare: prüfen
volentieri (*avv.*): gerne
zaino: Rucksack

Unità 1

Progetti... extrascolastici

LIBRO DI CLASSE

a caso: auf gut Glück
a fianco: neben
a proposito di...: in Bezug auf, was ... betrifft
a volte: manchmal
Acquario: Wassermann
alla rinfusa: durcheinander
ambientale: Umwelt-
ambiente, *l'* (*m.*): Umwelt
ambiguo/a: zweideutig
amichevole: freundschaftlich
andare d'accordo: sich (mit jmd.) verstehen
andare in giro: umhergehen
animale domestico: Haustier
appena (*avv.*): soeben
appendice, *l'* (*f.*): Anhang
appunto (*avv.*): genau!
Ariete, *l'* (*m.*): Widder
astro: Stern
astrologia: Astrologie
autonomamente (*avv.*): autonom
avanti (*avv.*): vorwärts
avere l'occasione di...: die Gelegenheit haben, etwas...
avventura: Abenteuer
avvocato: Anwalt
babilonese: babylonisch
basato/a su...: auf der Grundlage von...
base, *la*: Grundlage, Basis
basso: Bass
batteria: Schlagzeug, Batterie
Bilancia: Waage
biologico/a: biologisch
bioritmo: Biorhythmus
bisogna (*inf.* bisognare): benötigen
bosco: Wald
Campionato: Meisterschaft
Cancro: Krebs
Capricorno: Steinbock
celtico/a: keltisch
chitarra: Gitarre
compreso/a: inbegriffen
concorso: Wettbewerb
confermare: bestätigen
conservatorio: Musikschule, Konservatorium
consultare: zu Rate ziehen
contare: zählen
contratto: Vertrag
convinto/a: überzeugt
coraggioso/a: mutig
corrispondere: entsprechen
costruttivo/a: konstruktiv
creativo/a: kreativ
curiosità: Neugier, Merkwürdigkeit
da grande: als Erwachsene/r
del tutto: ganz
descritto/a: beschrieben
deserto: Wüste
destinatario: Empfänger
distratto/a: zerstreut
donare: spenden, schenken
ecologia: Ökologie
educazione, *l'* (*f.*): Erziehung
entusiasmo: Begeisterung
esatto/a: richtig
esperienza, *l'* (*f.*): Erfahrung
evento: Ereignis
extracurricolare: außerberuflich
extrascolastico/a: außerschulisch
fantasia: Phantasie
fiducia: Vertrauen
figura: Erscheinung, Eindruck
finale: am Ende
formare: bilden
formativo/a: bildend
forte: stark
futuro composto: Futur II
futuro semplice: Futur I
gara: Wettrennen
gemellaggio: Städtepartnerschaft
Gemelli, *i*: Zwillinge
gente, *la*: Leute
giudicare: bewerten
giurare: schwören
guida: Fahren
indagine, *l'* (*f.*): Ermittlung
indipendente: unabhängig
inizialmente (*avv.*): zu Beginn
iniziativa: Initiative
insistere: beharren
intendere: verstehen, beabsichtigen
interpretare: deuten
intorno a: um... herum
ipotesi, *l'* (*f.*): Hypothese
leader, *il/la*: Führer
Leone, *il*: Löwe
letterario/a: literarisch
logico/a: logisch
Luna: Mond
magari (*avv.*): vielleicht
manager, *il/la*: Manager
mascherina: Mundschutz
Maya: Maya
meritare: verdienen
mettere dei soldi da parte: Geld sparen
moderno/a: modern
mostra: Ausstellung
musicale: musikalisch
naturale: natürlich
nel corso di...: im Verlauf von...
nervoso/a: nervös
nota: Anmerkung
nuotare: schwimmen

nuovamente (*avv.*): erneut
ogni tanto: manchmal
onesto/a: ehrlich
organizzare: organisieren
originale: original
oroscopo: Horoskop
ottimista, *l'* (*m./f.*): Optimist/in
partecipare: teilnehmen
particolarmente (*avv.*): besonders
patentino: Führerschein für Mofas und Mopeds
paura: Angst
paziente: geduldig
perfino (*avv.*): sogar
periodico: regelmäßig
periodo ipotetico: Bedingungssatz
Pesci, *i*: Fische
piano: Plan
pianoforte, *il*: Klavier
poesia: Gedicht
precedente: vorherig
prendere in considerazione: berücksichtigen
prevedere: vorhersehen
previsione, *la*: Vorhersage
promessa: Versprechen
promettere: versprechen
proporre: vorschlagen
proteggere: schützen
pulito/a: sauber
raccogliere: sammeln
realista, *il/la*: Realist
realizzare: verwirklichen
riferimento: Bezug
rischio: Risiko
ritenere: erachten
romantico/a: romantisch
Sagittario: Schütze
sbagliare: einen Fehler machen
scherzare: scherzen
scientifico/a: wissenschaftlich
Scorpione, *lo*: Skorpion
secondo me: meiner Meinung nach
sedicesimo/a: sechzehnte/r/s
segno zodiacale: Sternzeichen
seguente: folgend
sembra (*inf.* sembrare): scheinen
sensibile: sensibel
sensibilizzazione, *la*: Sensibilisierung
sesso: Geschlecht, Sex
sfruttare: ausnutzen
si tratta di...: sich handeln um
sincero/a: ehrlich
società: Gesellschaft
sogno: Traum
sperare: hoffen
squadra: Team
stella: Stern, Star
stradale: Straßen-
strumento: Instrument
studio: Studium
sul serio: ernsthaft
suonare: spielen
suscitare: hervorrufen
svolgere: durchführen
tarocco: Tarock
timido/a: schüchtern
tipo: Typ
Toro: Stier
unico/a: der/die/das Einzige
usare: verwenden
vario/a: verschiedenartig
Vergine, *la*: Jungfrau
verso (*avv.*): gegen
volante, *il*: Lenkrad
zodiaco: Tierkreis

QUADERNO DEGLI ESERCIZI

addormentarsi: einschlafen
alla grande: im großen Stil
applicazione, *l'* (*f.*): Anwendung
argomento: Argument
assegnare: zuteilen
band, *la*: Band
barzelletta: Witz
Capodanno: Neujahr
chilo: Kilo
condividere: teilen
contento/a: froh
coraggio: Mut
corso: Kurs
cultura: Kultur
culturale: kulturell
esame, *l'* (*m.*): Prüfung
gastronomia: Gastronomie
giocatore, *il*: Spieler
grosso/a: groß
impegno: Verpflichtung, Termin
inviare: senden
iscriversi: sich anmelden
lasciare: lassen
olimpiadi, *le*: Olympische Spiele
palco: Bühne
pesare: wiegen
profilo: Profil
quanto/a: wie viel
rappresentazione, *la*: Darstellung
recupero: Wiederherstellung
robot, *il*: Roboter
rumore, *il* (*m.*): Lärm
scambio: Austausch
scienza: Wissenschaft
studentesco/a: Studenten-
teatrale: Theater-
titolo: Titel
un bel po': recht viel
violino: Geige

Unità 2
Televisione
LIBRO DI CLASSE

a lungo: lange
a meno che: es sei denn
a. C. (avanti Cristo): v. Chr. (vor Christus)
abituale: gewöhnlich
adeguato/a: angemessen
adolescente, *l'* (*m./f.*): Jugendliche/r
amato/a: beliebt
andare in onda: ausgestrahlt werden
antenna parabolica: Satellitenantenne
attualità: Aktualität
avere in mente: vorhaben
avvenire: sich ereignen
azione, *l'* (*f.*): Aktion
biondino/a: blonder Junge, blondes Mädchen
canale, *il*: Kanal
Cartagine: Karthago
cartone animato: Zeichentrickfilm
casa discografica: Plattenfirma
ce la farai (*inf.* farcela): Du wirst es schaffen!
cervello: Gehirn
Cesare: Cäsar
ci sto: Ich bin dabei!
ciascuno/a: jede/r/s
Cicerone: Cicero
ciclo: Zyklus
Cleopatra: Kleopatra
combinazione, *la*: Kombination
concluso/a: abgeschlossen
cono: Eistüte
conquistare: erobern
contemporaneo/a: gleichzeitig
convincere: überzeugen
coro: Chor
da anni: seit Jahren
decina: etwa zehn
decoder, *il*: Decoder
digitale: digital
dimensione, *la*: Größe
disaccordo: Uneinigkeit
documentario: Dokumentarfilm
dolce, *il*: Dessert
elementari, *le*: Grundschule
episodio: Episode
esagerare: übertreiben
estraneo/a: fremd
fare caso: bemerken
febbre, *la*: Fieber
festival, *il*: Festival
fiction, *la*: Film
film comico, *il*: Komödie
film d'azione, *il*: Actionfilm
film, *il*: Film
finale, *la*: Finale
G.P. (Gran Premio): GP (Grand Prix)
genio: Genie
già (*avv.*): bereits
gioco: Spiel
giornalista, *il/la*: Journalist
gratis (*avv.*): gratis
home cinema, *l'* (*m.*): Heimkino
imperfetto indicativo: Imperfekt
in corso: laufend
in forma: in Form
in meno: weniger
in più: mehr
intero/a: ganz
interrotto/a: unterbrochen
legato/a: gebunden

legionario: Legionär
locale: lokal
mandare in onda: ausstrahlen
medio/a: mittel
meno male: Gott sei Dank!
mente, *la*: Verstand
mica (*avv.*): doch nicht
motivare: motivieren
motivazione, *la*: Motivation
Nazionale, *la*: Nationalmannschaft
nemmeno (*avv.*): nicht einmal
notizia: Nachricht
parere, *il*: Meinung
passatempo: Zeitvertreib
peccato: schade
pollice, *il*: Daumen
preciso/a: präzise
presentatrice, *la*: Ansagerin
presentazione, *la*: Vorstellung
privato/a: privat
produttore, *il*: Produzent
pubblicità: Werbung
puntata: Folge
qualsiasi: jede/r/s
quiz, *il*: Quiz
radiotelevisione, *la*: Rundfunk- und Fernsehanstalt
reality, *il*: Reality-TV
Remo: Remus
ricominciare: neu beginnen
ricordare: sich erinnern
ricostruire: wieder aufbauen
riuscire a: etwas schaffen
rivista: Zeitschrift
rivolto/a: gerichtet
Romolo: Romulus
salto: Sprung
satellitare: Satelliten
scoperta: Entdeckung
segno: Zeichen
selezionare: auswählen
serve (*inf.* servire): dient
soap opera, *la*: Seifenoper
sorpreso/a: überrascht
sport, *lo*: Sport
sposare: heiraten
statale: staatlich
storiella: kurze Geschichte
successivo/a: nachfolgend
talent show, *il*: Talentshow
tastiera: Tastatur, Keyboard
telecomando: Fernbedienung
teledipendente: fernsehsüchtig
telefilm, *il*: Fernsehfilm
telegiornale, *il*: Tagesschau
televisivo/a: Fernseh-
televisore, *il*: Fernseher
tematica: Thematik
terrestre: Erd-
trama: Handlung
trapassato prossimo: Plusquamperfekt
trasmettere: übertragen
trasmissione, *la*: Übertragung
una volta per tutte: ein für alle Mal
vantaggio: Vorteil
varietà, *il*: Varietee
vendere: verkaufen
web TV: Web-TV
weekend, *il*: Wochenende
zapping: Zappen

QUADERNO DEGLI ESERCIZI

anticipo: Verfrühung
australiano/a: australisch
ballo: Tanz
bambina: Mädchen
bambola: Puppe
benissimo (*avv.*): sehr gut
caldo: warm
canto: Gesang
colore, *il*: Farbe
corda: Seil
da giovane: als junger Mensch
dal vivo: live
durare: dauern
eliminare: ausscheiden
emozionante: aufregend
fila: Reihe
geloso/a: eifersüchtig
giuria: Jury
incidente, *l'* (*m.*): Unfall
infelice: unglücklich
monumento: Denkmal
palcoscenico: Bühne
pallone, *il*: Ball
panchina: Bank
per fortuna: zum Glück
pieno/a: voll
prova: Prüfung
provino: Probeaufnahme
punto: Punkt
recitazione, *la*: Rezitation
segreto/a: geheim
strumento a corde: Saiteninstrument
Toscana: Toskana
ugualmente (*avv.*): gleichermaßen
un paio di: ein paar

Unità 3

Ambiente ed ecologia

LIBRO DI CLASSE

abbattuto/a: gefällt
accompagnare: begleiten
ad alta voce: mit lauter Stimme
agricolo/a: landwirtschaftlich
agriturismo: Agriturismo-Betrieb
alluminio: Aluminium
Alpi, *le*: Alpen
alternativamente (*avv.*): alternativ
Amazzonia: Amazonischer Regenwald
amazzonico/a: amazonisch
ambientalistico/a: Umweltschutz-
apparecchio: Gerät
appendere: aufhängen
applicare: anwenden
aspetto: Aussehen
associazione, *l'* (*f.*): Vereinigung
automatico/a: automatisch
azienda: Unternehmen
basso: niedrig
basso/a: tief
batteria: Batterie
bomba: Bombe
campagna: Land
campo: Feld
carriera: Karriere
cassonetto: Müllcontainer
catastrofe, *la*: Katastrophe
cattedrale, *la*: Kathedrale
cattivo/a: böse
centimetro: Zentimeter
ciclabile: mit dem Fahrrad befahrbar
colpa: Schuld
colpire: treffen
coltivato/a: angebaut
commento: Kommentar
completo/a: vollständig
consegnare: aushändigen
considerato/a: angesehen als
consiglio: Tipp
consumo: Verbrauch
contrariamente (*avv.*): im Gegensatz
corsia: Fahrspur
costo: Kosten
crescita: Wachstum
critico/a: kritisch
da anni: seit Jahren
dare fastidio: stören
decisione, *la*: Entscheidung
didascalia: Bildunterschrift
differenziare: unterscheiden
direttamente (*avv.*): direkt
diretto/a: gerichtet an
disappunto: Enttäuschung, Missmut
effetto: Effekt
elettrico/a: elektrisch
energetico/a: energetisch
eolico/a: Wind
essere portato/a: begabt sein für
estinto/a: ausgestorben
fan, *il/la*: Fan
fare male: weh tun
fare shopping: einkaufen
fastidio: Belästigung
fattore, *il*: Faktor
fenomeno: Phänomen
foresta: Wald
fumetto: Comic
gettare: werfen
gioia: Freude
girare: drehen
giù (*avv.*): hinunter
governo: Regierung
ideale: ideal
illuminazione, *l'* (*f.*): Beleuchtung
in mezzo a: mitten in
in tempo: rechtzeitig
incendio: Brand
industria: Industrie
informare: informieren
inizialmente (*avv.*): zu Beginn

iniziativa: Initiative
inquinamento: Umweltverschmutzung
juventino/a: Juventusfan
lago: See
lampadina: Lampe
lampadina led: LED-Lampe
lì (*avv.*): dort
macchinetta: Gerät
manifesto: Plakat
metro: Meter
mettere a confronto: vergleichen
mezzo pubblico: öffentliches Verkehrsmittel
milione, *il*: Million
Musei Vaticani, *i*: Vatikanische Museen
natura: Natur
noleggiare: mieten
Nord, *il*: Nord
numeroso/a: zahlreich
opportunità: (günstige) Gelegenheit
passo: Schritt
per il momento: zum jetzigen Zeitpunkt
percentuale, *la*: Prozentsatz
petrolio: Erdöl
piano: Klavier
piantare: pflanzen
pista: Piste
pittura: Malerei
popolare: beliebt
possibile: möglich
post, *il*: Post
posto: Ort
praticamente (*avv.*): praktisch
pregare: bitten
previsto/a: vorgesehen
principale: Haupt-
procedere: fortfahren
prodotto: Produkt
prodotto/a: hergestellt
proposta: Vorschlag
protezione, *la*: Schutz
pubblico/a: öffentlich
quasi (*avv.*): fast
quotidiano/a: alltäglich
rabbia: Wut
raccolta differenziata: getrennte Abfallsammlung
ragionamento: Gedankengang
rammarico: Kummer, Bedauern
rete, *la*: Netz
richiedere: beantragen
riciclabile: wiederverwertbar
riciclaggio: Recycling
riciclo: Recycling
rifiuto: Abfall
riscaldamento globale: globale Erwärmung
riservato/a: reserviert
risparmio: Einsparung
rispetto a: im Vergleich zu
ritorno: Rückkehr
rivelare: enthüllen, zeigen
salute, *la*: Gesundheit
salvare: retten
scena: Szene
senz'altro: ohne Weiteres
singolo/a: einzelne/r/s
solare: Sonnen
sorpresa: Überraschung
sostituire: ersetzen
spiaggia: Strand
sporco/a: schmutzig
stampare: drucken
strada: Straße
talento: Talent
tastiera: Tastatur, Keyboard
Terra: Erde
territorio: Gebiet
tonnellata: Tonne
tradizionale: traditionell
tranquillità: Ruhe
umore, *l'* (*m.*): Laune, Stimmung
vecchio/a: alt
voce, *la*: Stimme
volontario: Volontär

QUADERNO DEGLI ESERCIZI

adattato/a: bearbeitet
biologia: Biologie
buonissimo/a: sehr gut
calza: Strumpf
cancellare: löschen
Caspita!: zum Donnerwetter!
catrame, *il*: Teer
cemento: Zement
cerchio: Kreis
comperare: kaufen
cortile, *il*: Hof
cuore, *il*: Herz
divertirsi: Spaß haben
domandare: fragen
eppure: und dennoch
erba: Gras
fischiare: pfeifen
fragola: Erdbeere
ingresso: Eingang
interrogazione, *l'* (*f.*): mündliche Prüfung
intervento: Eingriff
l'altro ieri: vorgestern
nascosto/a: versteckt
nudo/a: nackt
offerta: Angebot
paio, *il* (*pl.* le paia): ein Paar
passeggio: Spaziergang
pasticceria: Konditorei
pesante: schwer
piramide, *la*: Pyramide
poverino/a: Ärmste/r
prato: Wiese
quadrato: viereckig
respirare: atmen
responsabile, *il/la*: Verantwortliche/r
salame, *il*: Salami
sassofono: Saxophon
scordarsi: vergessen
soffiare: blasen
stamattina (*avv.*): heute Morgen
tromba: Trompete
urgente: dringend
versione, *la*: Version
vetrina: Schaufenster

Unità 4
Facciamo spese

LIBRO DI CLASSE

abbigliamento: (Be)kleidung
abito: Kleid
accessorio: Zubehör
acquisto: Kauf
al passo con i tempi: zeitgemäß
alla moda: modisch
alzarsi: aufstehen
annoiarsi: sich langweilen
ansia: Beklemmung
appassionato/a: Begeisterte/r
apprezzato/a: geschätzt
attento/a: aufmerksam
attualmente (*avv.*): derzeit
azzurro/a: himmelblau
bianco/a: weiß
blu: blau
borsa: Tasche
calcolare: berechnen
camerino: Umkleideraum
camicetta: Bluse
camicia: Hemd
capitale, *la*: Hauptstadt
capo: (Kleidungs-)Stück
cappello: Hut
cartina: Karte
centesimo: Cent
ciò: das
coetaneo/a: Gleichaltrige/r
collo: Hals, Kragen
colore, *il*: Farbe
commerciale: kommerziell
commesso/a: Verkäufer/in
congiuntivo: Konjunktiv
conosciuto/a: bekannt
considerare: erachten
consumatore, *il*: Konsument
contrario/a: gegenteilig
conveniente: günstig
criticare: kritisieren
dedicare: widmen
di moda: modisch
direttamente (*avv.*): direkt
disposto/a: bereit
domattina (*avv.*): morgen früh
elegante: elegant
esportato/a: exportiert
facilmente (*avv.*): leicht
fare il nome: jmd. erwähnen
fare spese: Einkaufen gehen
felpa: Sweatshirt
fenomeno: Phänomen
fermarsi: halten
firma: Unterschrift
firmato/a: Marken-
fissare: festlegen
fornire: liefern
frenare: bremsen

frequentare: besuchen
gelateria: Eisdiele
giacca: Jacke
giallo/a: gelb
girare: herumgehen
giubbotto: Sportjacke
gonna: Rock
grigio/a: grau
gusto: Geschmack
in fondo: am Ende
in fretta: schnell, in Eile
in seguito: danach
incontrarsi: sich treffen
incontro: Treffen
indossare: tragen
jeans, *i*: Jeans
legge, *la*: Gesetz
linea, *la*: Linie
macché: ach was
maglietta: T-Shirt
marca: Marke
marchio: Kennzeichen
marrone: braun
maturo/a: reif
nemmeno (*avv.*): nicht einmal
nero/a: schwarz
noto/a: bekannt
occhiali da sole, *gli*: Sonnenbrille
pagare: zahlen
pantaloni, *i*: Hosen
parecchio/a: viel
parlarsi: miteinander sprechen
partecipazione, *la*: Teilnahme
per telefono: per Telefon
permettere: sich leisten können
personalmente (*avv.*): persönlich
portare: bringen
posizione, *la*: Position, Stellung
pratico/a: praktisch
preciso/a: genau
prezzo: Preis
promuovere: fördern
punto: Punkt
quant'è?: Was kostet es (das)?
quanto costa?: Wie viel kostet es (das)?
quanto viene?: Wie viel kostet es (das)?
questionario: Fragebogen
radio, *la*: Radio
reciproco/a: gegenseitig
relativamente (*avv.*): relativ
resistere: widerstehen
riflessivo/a: reflexiv
riprendere: aufgreifen
rispetto a: im Vergleich zu
riutilizzo: Wiederverwendung
rosa: rosarot
rosso/a: rot
saldi, *i*: Ausverkauf
scambiarsi: austauschen
scarpa: Schuh
scelta: Auswahl
sciarpa: Schal
sconto: Rabatt
sentirsi: sich fühlen
sentirsi male: sich schlecht fühlen
sfilata: Modeschau
shopaholic, *lo*: Shopaholic
sinonimo: Synonym
soldi, *i*: Geld
somma: Summe
spendere: ausgeben
sporcare: beschmutzen
stile, *lo*: Stil
stilista, *lo/la*: Stilist
stretto/a: eng
suggerimento: Tipp
svolgersi: abhalten
taglia: Größe
tant'è vero che: dafür spricht
tendenza: Tendenz
tendere: neigen zu
ti sta bene: ... steht dir gut
tribù: Stamm, Sippe
tuta da ginnastica: Trainingsanzug
unico/a: einzige/r/s
vedersi: sich sehen
vento: Wind
verde: grün
vestirsi: sich kleiden

QUADERNO DEGLI ESERCIZI

abbracciarsi: sich umarmen
accidenti: verflixt!
affare, *l'* (*m.*): gutes Geschäft
amarsi: sich lieben
arrabbiato/a: wütend
baciarsi: sich küssen
comodo/a: bequem
conoscersi: einander kennen
crocetta: Kreuzchen
darsi appuntamento: sich verabreden
dipingere: malen
emozione, *l'* (*f.*): Gefühl
favoloso/a: wunderbar
fidanzato/a: Verlobte/r, Freund/in
fisso/a: feststehend
gelataio: Eisverkäufer
giglio: Lilie
guardarsi: sich anschauen
lacrima: Träne
laurearsi: Hochschulabschluss erlangen
matrimonio: Heirat
mettersi: anziehen
pettinarsi: sich kämmen
prepararsi: vorbereiten
provarsi: probieren
responsabile: Leiter/in
ricordo: Erinnerung
riportare: wiedergeben
riposarsi: sich ausruhen
rosa: rosarot
scrittore, *lo*: Schriftsteller
sognare: träumen
specchio: Spiegel
splendore, *lo*: Glanz
sposarsi: heiraten
stupendo/a: wunderbar

Unità 5

Facciamo sport

LIBRO DI CLASSE

al di fuori di: außerhalb von
al massimo: maximal
allegramente (*avv.*): fröhlich
allenarsi: trainieren
allenatore, *l'* (*m.*): Trainer
amico/a del cuore: Busenfreund/in
ammirare: bewundern
antagonismo: Antagonismus
appartenere: gehören
arancione: orangenfarben
arbitro: Schiedsrichter
atleta, *l'* (*m./f.*): Athlet/in
atletica leggera: Leichtathletik
attirare: anziehen
attrazione, *l'* (*f.*): Attraktion
automobilismo: Rennsport
basarsi: sich stützen
bruciato/a: verbrannt
calcetto: Kleinfeldfußball
calcio: Fußball
campione, *il*: Champion
campo: Sportplatz
canestro: Basketball
ciclismo: Radsport
ciclista, *il/la*: Radfahrer/in
composto/a: bestehend aus
conclusione, *la*: Schluss, Ende
conquista: Eroberung
conquistare: erobern
conseguenza: Folge
continuità: Fortdauer
continuo/a: dauernd
coppa: Pokal
coprire: decken
d'altra parte: andererseits
"da donna": „für Frauen"
"da uomo": „für Männer"
danza: Tanz
dare in prestito: ausleihen
dare una mano: helfen
dato: gegeben
di tutti i tempi: aller Zeiten
difficoltà: Schwierigkeit
disciplina: Disziplin
dispiacere, *il*: Bedauern
dolore, *il*: Schmerz
duro/a: hart
entusiasmo: Begeisterung
esagerare: übertreiben
esperimento: Experiment
europeo/a: europäisch
faccia: Gesicht
far vedere: zeigen
fare il tifo: Fan von jmd. sein
farsi male: sich weh tun
favore, *il*: Gefallen
film horror, *il*: Horrorfilm
fiorentino/a: aus Florenz
fonte, *la*: Quelle
forte, *il*: Stärke
ginnastica: Gymnastik

ginocchio: Knie
giocato/a: gespielt
giro: Tour
grafico: grafisch
grave: schwerwiegend
importanza: Wichtigkeit
in realtà: in Wirklichkeit
informare: informieren
lentamente (*avv.*): langsam
logico/a: logisch
mantenersi: sich halten
medicina: Arzneimittel
Medioevo: Mittelalter
misto: gemischt
mito: Mythos
mondiale: weltweit
mondiale, *il*: Weltmeisterschaft
né... né...: weder... noch...
nominato/a: erwähnt
nuoto: Schwimmen
olimpionico, *l'* (*m.*): Olympia-
ospedale, *l'* (*m.*): Krankenhaus
ospitare: zu Gast haben
ospite, *l'* (*m./f.*): Gast
ottenere: erzielen
pallacanestro, *la*: Basketball
pallanuoto, *la*: Wasserball
pallavolo, *la*: Volleyball
pallone, *il*: Ball
parere, *il*: Meinung
pendente: schief
pigro/a: faul
pomata: Salbe
popolare: beliebt
porta: Tor
praticare: ausüben
praticato/a: ausgeübt
prendere in giro: auf den Arm nehmen
preoccuparsi: sich Sorgen machen
prestare: auslehnen
prestito: Darlehen
quartiere, *il*: Stadtviertel
record, *il*: Rekord
rete, *la*: Netz
riformulare: neu formulieren
rimanerci male: gekränkt/enttäuscht sein
rimettersi: sich wieder erholen
rubare: stehlen
rugby, *il*: Rugby
scaricare lo stress: Stress abbauen
scusa: Entschuldigung
sesso: Geschlecht
Settecento: 18. Jahrhundert
skateboard, *lo*: Skateboard
soddisfazione, *la*: Befriedigung
sostegno: Unterstützung
sostenitore, *il*: Fan
specialmente (*avv.*): insbesondere
spettatore, *lo*: Zuschauer
storico/a: historisch
successo: Erfolg
telespettatore, *il*: Zuschauer
tenersi: behalten
tennis, *il*: Tennis
tifare: Fan sein
tifoso: Fan
tiro: Schuss
titolo: Titel
tradizione, *la*: Tradition
trarre: entnehmen
trasmettere: übertragen
Trecento: 14. Jahrhundert
urlare: schreien
valore, *il*: Wert
vittoria: Sieg

QUADERNO DEGLI ESERCIZI

aggiustare: flicken, reparieren
al coperto: überdacht, drinnen
all'aperto: im Freien
allenare: trainieren
avversario/a: Gegner/in
buona giornata: Einen schönen Tag noch!
dritto (*avv.*): geradeaus
esagono: Sechseck
far parte: beteiligt sein
giudice, *il*: Richter
individuale: individuell
lanciare: werfen
maglietta: T-Shirt
maniera: Art und Weise
mostrare: zeigen
preoccupato/a: besorgt
racchetta: Tennisschläger
rettangolo: Rechteck
rotondo/a: rund
si riferisce a: er/sie/es bezieht sich auf
tirare: schießen

Unità 6

L'ora della verità!

LIBRO DI CLASSE

a destra: rechts
a parte: seitlich
a sinistra: links
acceso/a: eingeschaltet
adorare: verehren
affermativo/a: bejahend
amato/a: beliebt
ansioso/a: ängstlich
appassionare: begeistern
applauso: Applaus
apposito/a: zweckmäßig, eigens
attendere: warten
autore, *l'* (*m.*): Autor
avvertenza: Hinweis
calmarsi: sich beruhigen
cantautore, *il*: Liedermacher
carta: Papier
casuale: zufällig
cielo: Himmel
classifica, *la*: Klassifizierung
collezione, *la*: Sammlung
colpa: Schuld
commentare: kommentieren
commissione, *la*: Kommission
comporre: zusammensetzen
condizione, *la*: Bedingung
cuffia: Kopfhörer
deluso/a: enttäuscht
digitare: eingeben
economico/a: wirtschaftlich
effetto: Effekt
entro: innerhalb
estero: Ausland
etnico/a: ethnisch
fare del proprio meglio: sein Bestes geben
fumare: rauchen
girare: herumgehen
idolo: Idol
imperativo: Imperativ
impostare: einstellen
in caso di...: im Falle, dass
in piedi: aufrecht
incendio: Brand
incrocio: Kreuzung
indicazione, *l'* (*f.*): Angabe
inglese, *l'* (*m.*): Englisch
istruzione, *l'* (*f.*): Bildung
lascia stare: lass es sein
leggenda: Legende
lettore mp3, *il*: MP3-Player
luce, *la*: Licht
magico/a: magisch
melodico/a: melodisch
multimediale: multimedial
negativo/a: negativ
novità: Neuheit
numero verde: Hotline
ordine, *l'* (*m.*): Befehl
particolarmente (*avv.*): besonders
passaggio: Mitfahrgelegenheit
pausa: Pause
poiché: da, weil
premere: drücken
premiare: prämieren
presentatore, *il*: Ansager
presenza: Präsenz
proposta: Vorschlag
protagonista, *il/la*: Darsteller/in
provocare: hervorrufen
pubblicare: veröffentlichen
pubblico: Publikum
raccomandazione, *la*: Ermahnung
regista, *il/la*: Regisseur
riempirsi: sich füllen
rigore, *il*: Strenge
riproduzione, *la*: Vervielfältigung
ritmico/a: rhythmisch
romanzo: Roman
schermo: Bildschirm
schiuma: Schaum
scollegare: trennen
sedersi: sich setzen
segnale, *il*: Signal
semaforo: Ampel
senso: Richtung
sequenza: Sequenz
serata: Abend
set, *il*: Set, Satz, Drehort
sezione, *la*: Abschnitt

sincronizzazione, *la*: Synchronisierung
soddisfatto/a: zufrieden
solitudine, *la*: Einsamkeit
sopportare: ertragen
spagnolo: Spanisch
stampa: Druck, Presse
stradale: Straßen
stressato/a: gestresst
tasto: Taste
tourneé, *la*: Tournee
traduzione, *la*: Übersetzung
uscita di emergenza: Notausgang
videocamera: Videokamera
vietato/a: verboten
volume, *il*: Band

QUADERNO DEGLI ESERCIZI

adattare: anpassen
avviso: Meldung
battaglia navale: Schiffe versenken
calmo/a: ruhig
ce l'ha fatta, (*inf.* farcela): er/sie/ es hat es geschafft
cittadino: Bürger
colpire: treffen
comune, *il*: Gemeinde
finale, *il*: Finale
forza: Stärke
lento/a: langsam
microfono: Mikrofon
missile, *il*: Rakete
profondamente (*avv.*): tief
proibire: verbieten
pubblico/a: öffentlich
rimettere: wiederherstellen
ritmo: Rhythmus
scaricato/a: heruntergeladen
secchione, *il*: Streber
sirene, *la*: Sirene
T.V.B. (ti voglio bene): HDL (hab dich lieb)
tema, *il*: Thema
totale, *il*: Total
venduto/a: verkauft
vincita: Gewinn

MINI TEST

abbassare: senken
amicizia: Freundschaft
assistere: beiwohnen
difendere: verteidigen
inquinare: schützen
motore, *il*: Motor
noioso/a: langweilig
reale: reell
riutilizzare: wiederverwerten
ruota: Rad
sole, *il*: Sonne
verbale: verbal

Grammatica@junior

Unità 5

Facciamo sport

bugia: Lüge

Unità 6

L'ora della verità!

disegno: Zeichnung
frutta: Früchte

ATTIVITÀ VIDEO

accidenti: verflixt!
audio: Audio
autografo: eigenhändige Unterschrift
ballerino: Tänzer
che c'entra: was hat der/die/das damit zu tun?
consolle, *la*: Konsole
contare: zählen
corsa: Lauf
curriculum, *il*: Lebenslauf
dirigere: leiten
è fatta: geschafft!
film giallo, *il*: Krimi
fotogramma, *il*: Einzelbild
impegno: Verpflichtung, Termin
improbabile: unwahrscheinlich
iniziale: zu Beginn
ipotizzare: vermuten
mannaggia: verflixt!
opzione, *l'* (*f.*): Option
pronunciato/a: aussprechen
razzo: Rakete
realmente (*avv.*): wirklich
richiesta: Anforderung
riscaldamento: Aufwärmen
riservato/a: reserviert
rispettivo/a: bezüglich
segretaria: Sekretärin
spiritoso/a: geistreich
stancarsi: sich ermüden
tranquillamente (*avv.*): in aller Ruhe
visione, *la*: Version
volontariato: Volontariat

Apprendere il vocabolario - Lernvokabular

Das Lernvokabular zu den einzelnen Lektionen ist nach Wortfeldern bzw. Gruppen von Wortarten geordnet. So lassen sich die Wörter besser einprägen und anwenden. Vervollständigt die Listen mit der deutschen Bedeutung. Wenn ihr euch unsicher seid, könnt ihr im alphabetischen Wörterverzeichnis nachschlagen.

Abkürzungen

irr.	unregelmäßige Konjugation im *Presente indicativo*
-isco	Verb mit Stammerweiterung im *Presente indicativo*
m.	*maschile* (männlich)
f.	*femminile* (weiblich)

Unità 1: Progetti... extrascolastici

Astrologia e segni zodiacali

l'oroscopo:
l'astro:
la stella:
la luna:
il segno zodiacale:
prevedere:
la previsione:
il sogno:
interpretare:
Acquario:
Pesci:
Ariete (*m.*):
Toro:
Gemelli:
Cancro:
Leone (*m.*):
Vergine (*f.*):
Bilancia:
Scorpione (*m.*):
Sagittario:
Capricorno:

Il carattere

forte:
coraggioso/a:
onesto/a:
paziente:
indipendente:
costruttivo/a:
creativo/a:
ottimista:
realista:
contento/a:
amichevole:
romantico/a:
sensibile:
timido/a:
nervoso/a:
distratto/a:
l'entusiasmo:
la curiosità:
l'esperienza:
la fantasia:
la fiducia:
il coraggio:
la paura:

La comunicazione

promettere:
la promessa:
giurare:
insistere:
intendere:
corrispondere:
inviare:
il destinatario:
la nota:
l'argomento:
la barzelletta:

Opinione

secondo me:
ritenere (*irr.*):
sembra:
sincero/a:
sul serio:
convinto/a:

L'ambiente

l'ecologia:
l'ambiente (*m.*):
ambientale:
biologico/a:
naturale:
pulito/a:
proteggere:
la sensibilizzazione:
bosco:
il deserto:
il bioritmo:

Progetti extracurricolari

proporre (*irr.*):
l'iniziativa:
il piano:
l'evento:
realizzare:
organizzare:
svolgere:
iscriversi:
partecipare:
assegnare:
il concorso:
la gara:
il campionato:
le Olimpiadi:
giudicare:
lo scambio:
il gemellaggio:
la squadra:
il/la leader:

La cultura

la cultura:
culturale:
letterario/a:
la poesia:
il titolo:
moderno/a:
la rappresentazione teatrale:
il palco:
la mostra:

La musica

il conservatorio:
musicale:
suonare:
lo strumento:
il pianoforte:
il violino:
la chitarra:
il basso:
la batteria:
la band:

Sostantivi

l'hobby:
l'animale domestico (*m.*):
il sesso:
la scienza:
l'educazione (*f.*):
lo studio:
il corso:
l'esame (*m.*):
la società:
la gente:
la figura:
l'avvocato:
il giocatore:
il patentino:
la guida:
il volante:
l'avventura:
il rischio:
il contratto:
l'applicazione (*f.*):
l'indagine (*f.*):
il riferimento:
il profilo:
il rumore:
la base:
il chilo:

Aggettivi

esatto/a:
logico/a:
scientifico/a:
unico/a:
originale:
vario/a:
ambiguo/a:
compreso/a:
grosso/a:

Verbi

raccogliere (*irr.*):
donare:
verificare:
pesare:
sperare:
sbagliare:
suscitare:
sfruttare:
nuotare:
lasciare:
addormentarsi:

Piccole parole utili

appunto:
perfino:
del tutto:
perciò:
a proposito di:
a caso:
alla grande:
un bel po':
particolarmente:
alla rinfusa:
avanti:
a fianco:
intorno a:
a volte:
ogni tanto:
nuovamente:
nel corso di:
in orario:

Espressioni verbali

andare d'accordo:
andare in giro:
avere l'occasione di:
mettere dei soldi da parte:
si tratta di:
prendere in considerazione:

Unità 2: Televisione

Canali televisivi

il canale:
statale:
privato/a:
il produttore:
trasmettere:
la trasmissione:
mandare in onda:
andare in onda:
in corso:
interrotto/a:
dal vivo:
selezionare:
lo zapping:
teledipendente:

La televisione

il televisore:
televisivo/a:
il telecomando:
la radiotelevisione:
l'antenna parabolica:
il decoder:
digitale:
satellitare:
terrestre:
la web-TV:

Trasmissioni televisive

il telefilm:
la fiction:
il film comico:
il film d'azione:
la tematica:
la trama:
il cartone animato:
la soap opera:
il reality:
l'episodio:
la puntata:
il quiz:
il gioco:
il varietà:
il talent show:
la giuria:
il festival:
la pubblicità:
il documentario:
il telegiornale:
l'attualità:
la notizia:
il/la giornalista:

la presentatrice:
la presentazione:

La musica
lo strumento a corde:
il coro:
il canto:
il ballo:
la recitazione:
la prova:
il provino:
il palcoscenico:
la casa discografica:

Il corpo e la salute
il cervello:
il pollice:
la febbre:
la mente:

Sostantivi
il monumento:
la panchina:
il cono:
la rivista:
la storiella:
la bambola:
la corda:
la fila:
la motivazione:
il genio:
la scoperta:
il punto:
il segno:
il parere:
il disaccordo:
il vantaggio:
la combinazione:
la dimensione:
il salto:
l'incidente (*m.*):
le elementari:
il weekend:
il finale:

Aggettivi
emozionante:
amato/a:
geloso/a:
abituale:
sorpreso/a:
concluso/a:
medio/a:
contemporaneo/a:
preciso/a:
adeguato/a:
estraneo/a:
pieno/a:
intero/a:

Verbi
avvenire (*irr.*):
ricominciare:
durare:
ricostruire (-*isco*):
vendere:
eliminare:
motivare:
esagerare:
conquistare:
convincere:
sposare:

Espressioni verbali
fare caso:
avere in mente:
riuscire a fare qualcosa:

Piccole parole utili
nemmeno:
un paio di:
una decina:
qualsiasi:
ciascuno:
in più:
in meno:
in forma:
a. C. (avanti Cristo):
da anni:
a lungo:
a meno che:

Espressioni per la comunicazione quotidiana
mica:
ci sto:
ce la farai!:

meno male:
per fortuna:
peccato!:
una volta per tutte:

Unità 3: Ambiente ed ecologia

Geografia

la terra:
il territorio:
la natura:
la campagna:
il campo:
coltivato/a:
agricolo/a:
il prato:
l'erba:
la foresta:
l'Amazzonia:
il lago:
la spiaggia:
le Alpi:
l'agriturismo:

Strade

la corsia:
la pista ciclabile:
la strada:
il passeggio:
il passo:

Problemi ambientali

la catastrofe:
il riscaldamento globale:
l'inquinamento:
l'incendio:
la bomba:
il fenomeno:
l'effetto:
la salute:
il fattore:
sporco/a:
abbattuto/a:
estinto/a:

Rifiuti e riciclaggio

il rifiuto:
il cassonetto:
la raccolta differenziata:
differenziare:
gettare:
riciclabile:
il riciclaggio / il riciclo:
la tonnellata:

Salvaguardia dell'ambiente

l'associazione:
ambientalistico/a:
il volontario:
il manifesto:
stampare:
appendere:
informare:
rivelare:
richiedere:
la proposta:
la protezione:
il risparmio:
l'intervento:
sostituire (*-isco*):
piantare:
salvare:

La produzione industriale

l'industria:
l'azienda:
la crescita:
il prodotto:
prodotto/a:
l'alluminio:
il catrame:
il cemento:
il responsabile:

Energia e apparecchi elettronici

energetico/a:
il petrolio:
elettrico/a:
l'energia solare:
l'energia eolica:
la batteria:
l'illuminazione:
la lampadina:
la lampadina led:
l'apparecchio:

la macchinetta:
il consumo:
il costo:

Musica e cultura

la voce:
fischiare:
tradizionale:
popolare:
il piano:
la tastiera:
il sassofono:
la tromba:
il talento:
la carriera:
il fan:
la versione:
la pittura:

Emozioni e stati d'animo

divertirsi:
scordarsi:
il cuore:
il disappunto:
il fastidio:
la rabbia:
il rammarico:
la sorpresa:
la tranquillità:
il ragionamento:
la colpa:
il commento:
il consiglio:
la decisione:

Sostantivi

la rete:
il cortile:
l'ingresso:
la vetrina:
la pasticceria:
la fragola:
il salame:
il paio:
la biologia:
la didascalia:
l'aspetto:
l'opportunità:
l'offerta:
l'interrogazione:
il posto:
la scena:
il ritorno:
la percentuale:
il milione:
il metro:
il centimetro:

Aggettivi

basso/a:
nudo/a:
cattivo/a:
pesante:
urgente:
possibile:
singolo/a:
numeroso/a:
completo/a:
principale:
quotidiano/a:
ideale:
critico/a:
automatico/a:

Verbi

respirare:
soffiare:
domandare:
pregare:
cancellare:
applicare:
colpire (*-isco*):
consegnare:
girare:
accompagnare:
procedere:
noleggiare:
comperare:

Espressioni verbali

fare male:
fare shopping:
dare fastidio:
essere portato/a:
mettere a confronto:

Piccole parole utili
lì: ....

giù: ....

in mezzo a: ....

rispetto a: ....

direttamente: ....

inizialmente: ....

in tempo: ....

stamattina: ....

eppure: ....

Espressioni per la comunicazione quotidiana
Caspita!: ....

ad alta voce: ....

senz'altro: ....

praticamente: ....

Poverino/a!: ....

Unità 4: Facciamo spese

Fare spese
fare spese: ....

commerciale: ....

il consumatore: ....

resistere: ....

la scelta: ....

il commesso: ....

il camerino: ....

il prezzo: ....

la somma: ....

spendere: ....

i soldi: ....

il centesimo: ....

pagare: ....

i saldi: ....

lo sconto: ....

l'affare: ....

l'acquisto: ....

stupendo/a: ....

favoloso/a: ....

conveniente: ....

Capi d'abbigliamento
l'abbigliamento: ....

l'abito: ....

la camicia: ....

la camicetta: ....

la maglietta: ....

la calza: ....

i pantaloni: ....

i jeans: ....

la gonna: ....

la felpa: ....

la giacca: ....

il giubbotto: ....

la tuta da ginnastica: ....

il collo: ....

Vestirsi
prepararsi: ....

lo specchio: ....

guardarsi: ....

pettinarsi: ....

mettersi: ....

vestirsi: ....

indossare: ....

ti sta bene: ....

alla moda / di moda: ....

elegante: ....

pratico/a: ....

stretto/a: ....

comodo/a: ....

la taglia: ....

la marca: ....

firmato/a: ....

il marchio: ....

la tendenza: ....

lo stile: ....

lo stilista: ....

la sfilata: ....

il gusto: ....

Accessori
l'accessorio: ....

il cappello: ....

gli occhiali da sole: ....

la sciarpa: ....

la borsa: ....

la scarpa: ....

Colori
il colore: ....

bianco/a: ....

nero/a: ....

grigio/a: ....

Lernvokabular

blu:
azzurro/a:
giallo/a:
rosso:
rosa:
verde:
marrone:
dipingere:

Fissare un appuntamento

parlarsi:
darsi appuntamento:
fissare:
per telefono:
personalmente:
domattina:
incontrarsi:
l'incontro:
la gelateria:
il gelataio:
vedersi:
conoscersi:
scambiarsi:
fare il nome:
il/la coetaneo/a:

L'amore

l'emozione:
sentirsi:
sognare:
sentirsi male:
la lacrima:
l'ansia:
appassionato/a:
reciproco/a:
amarsi:
abbracciarsi:
baciarsi:
dedicare:
il ricordo:
il fidanzato:
il matrimonio:
sposarsi:

Sostantivi

la partecipazione:
il questionario:
la crocetta:
il punto:
la firma:
la legge:
la posizione:
lo splendore:
il vento:
la cartina:
la capitale:
la radio:
lo scrittore:
il suggerimento:
il riutilizzo:
il congiuntivo:
il sinonimo:
la tribù:

Aggettivi

conosciuto/a:
noto/a:
preciso/a:
fisso/a:
apprezzato/a:
riflessivo/a:
arrabbiato/a:

Avverbi

attualmente:
direttamente:
facilmente:
in fondo:
relativamente:

Verbi

sporcare:
annoiarsi:
criticare:
considerare:
promuovere:
calcolare:
riposarsi:
alzarsi:
fornire (*-isco*):
portare:
riportare:
riprendere:
frenare:
fermarsi:
permettere:

tendere:
provarsi:
svolgersi:
frequentare:
laurearsi:

Piccole parole utili
ciò:
in fretta:
in seguito:
parecchio/a:
rispetto a:

Espressioni per la comunicazione quotidiana
macché:
tant'è vero che:

Unità 5: Facciamo sport

Discipline sportive
individuale:
misto/a:
l'atletica leggera:
la ginnastica:
la danza:
il nuoto:
il calcetto:
il calcio:
il pallone:
il tiro:
la pallacanestro:
il rugby:
il canestro:
la pallanuoto:
la pallavolo:
il tennis:
la rete:
la racchetta:
il ciclismo:
il ciclista:
il giro:
l'automobilismo:
lo skateboard:

Praticare sport
l'atleta:
praticare:
mantenersi:
allenarsi:
allenare:
l'allenatore:
l'arbitro:
lanciare:
tirare:
i mondiali (il mondiale):
olimpionico:
l'avversario/a:
ottenere (*irr.*):
la vittoria:
il titolo:
il record:
la coppa:
il campione mondiale:
il successo:
la soddisfazione:

Tifare
fare il tifo / tifare:
il tifoso:
il sostenitore:
lo spettatore:
il telespettatore:
il sostegno:
l'entusiasmo:
urlare:
ammirare:

Descrivere un grafico
grafico/a:
si riferisce a:
informare:
mostrare:
basarsi:
la fonte:
composto/a:
specialmente:
al massimo:
il valore:
la continuità:
l'importanza:
la conclusione:
la conseguenza:

La storia
il mito:

storico/a:
la tradizione:
il Medioevo:
il Trecento:
il Settecento:
conquistare:
la conquista:

All'ospedale
farsi male:
preoccuparsi:
il ginocchio:
l'ospedale:
il dolore:
la medicina:
la pomata:
aggiustare:
rimettersi:

Sostantivi
l'amico del cuore:
l'ospite:
il giudice:
la faccia:
la maniera:
la scusa:
il dispiacere:
il favore:
il prestito:
la difficoltà:
l'esperimento:
l'attrazione (*f.*):
il quartiere:
la porta:

Aggettivi
arancione:
rotondo/a:
continuo/a:
logico/a:
duro/a:
grave:
pigro/a:
pendente:
preoccupato/a:
europeo/a:

Verbi
appartenere (*irr.*):
coprire:
ospitare:
prestare:
rubare:
tenersi (*irr.*):
attirare:
trarre (*irr.*):
trasmettere:
riformulare:

Espressioni verbali
dare una mano:
dare in prestito:
far vedere:
prendere in giro:
far parte:
rimanerci male:
scaricare lo stress:

Piccole parole utili
da donna:
da uomo:
al di fuori di:
d'altra parte:
di tutti i tempi:
in realtà:
né... né...:

Unità 6: L'ora della verità

Muoversi in città
dritto:
girare:
a destra:
a sinistra:
a parte:
l'incrocio:
il semaforo:
il segnale:
stradale:
il senso:
l'uscita di emergenza:
il passaggio:

La tecnologia

il microfono:
la videocamera:
lo schermo:
la cuffia:
il lettore mp3:
il tasto:
acceso/a:
premere:
digitare:
scollegare:
multimediale:
la sincronizzazione:
la riproduzione:

Una gara musicale

il cantautore:
calmo/a:
lento/a:
melodico/a:
ritmico/a:
il ritmo:
la tournée:
la serata:
il finale:
la pausa:
la sezione:
la vincita:
premiare:
la classifica:
il presentatore:
il protagonista:
il pubblico:
l'applauso:
appassionare:
adorare:
l'idolo:

Letteratura e stampa

l'autore:
il romanzo:
il volume:
comporre (*irr.*):
pubblicare:
adattare:
la traduzione:
la novità:
la stampa:
la carta:
il tema:
la sequenza:

Vivere in comunità

il comune:
pubblico/a:
la commissione:
il numero verde:
la condizione:
l'istruzione:
l'avvertenza:
l'indicazione (*f.*):
la raccomandazione:
l'avviso:
proibire (*-isco*):
vietato/a:
l'ordine (*m.*):
il cittadino:
la solitudine:
etnico/a:
l'estero:

Sostantivi

il cielo:
la luce:
la schiuma:
la collezione:
la presenza:
il rigore:
la forza:
il missile:
il secchione:
il totale:

Aggettivi

affermativo/a:
negativo/a:
casuale:
apposito/a:
venduto/a:
economico/a:
magico/a:
amato/a:
soddisfatto/a:
deluso/a:
ansioso/a:
stressato/a:

Lernvokabular

Verbi

riempirsi: ....

attendere: ....

sedersi (*irr.*): ....

impostare: ....

provocare: ....

sopportare: ....

calmarsi: ....

fumare: ....

commentare: ....

rimettere: ....

Espressioni verbali

farcela (*irr.*): ....

fare del proprio meglio: ....

lascia stare: ....

T.V.B. (ti voglio bene): ....

Piccole parole utili

poiché: ....

entro: ....

in caso di...: ....

in piedi: ....

particolarmente: ....

profondamente: ....

Cosa so fare? Ich kann ...

PROGETTO ITALIANO Junior 2

PORTFOLIOBÖGEN ZUR SELBSTEINSCHÄTZUNG

☺ *Das kann ich schon gut.* 😐 *Damit habe ich noch Schwierigkeiten.* ☹ *Das kann ich gar nicht.*

Unità 1 *Progetti... extrascolastici*	☺ 10%	😐 5%	☹ 0%
1. über ein Vorhaben sprechen *Kannst du ein Beispiel geben?*			
2. Vorhersagen treffen *Kannst du ein Beispiel geben?*			
3. ein Versprechen geben *Kannst du ein Beispiel geben?*			
4. Vermutungen äußern *Kannst du ein Beispiel geben?*			
5. über die Tierkreiszeichen sprechen *Kannst du ein Beispiel geben?*			
6. jemanden um Bestätigung bitten *Kannst du ein Beispiel geben?*			
7. eine Aussage bestätigen *Kannst du ein Beispiel geben?*			
8. das *Futuro semplice* richtig gebrauchen *Kannst du ein Beispiel geben?*			
9. das *Futuro composto* richtig gebrauchen *Kannst du ein Beispiel geben?*			
10. über Projekte an italienischen Schulen sprechen *Kannst du ein Beispiel geben?*			

Summe — **Mein Ergebnis** %

Unità 2 *Televisione*	☺ 10%	😐 5%	☹ 0%
1. einige Fernsehprogramme nennen *Kannst du ein Beispiel geben?*			
2. etwas in der Vergangenheit erzählen und beschreiben *Kannst du ein Beispiel geben?*			
3. mein Einverständnis äußern *Kannst du ein Beispiel geben?*			
4. mein Nichteinverständnis äußern *Kannst du ein Beispiel geben?*			
5. mehrere Handlungen in der Vergangenheit im zeitlichen Nacheinander wiedergeben *Kannst du ein Beispiel geben?*			
6. über Fernsehprogramme sprechen *Kannst du ein Beispiel geben?*			
7. eine Geschichte erzählen *Kannst du ein Beispiel geben?*			
8. das *Imperfetto indicativo* richtig gebrauchen *Kannst du ein Beispiel geben?*			
9. das *Trapassato prossimo* richtig gebrauchen *Kannst du ein Beispiel geben?*			
10. über das italienische Fernsehen und den Umgang der Italiener mit dem Fernsehen sprechen *Kannst du ein Beispiel geben?*			

Summe — **Mein Ergebnis** %

Cosa so fare? Ich kann ...

PROGETTO ITALIANO Junior 2

PORTFOLIOBÖGEN ZUR SELBSTEINSCHÄTZUNG

☺ *Das kann ich schon gut.* 😐 *Damit habe ich noch Schwierigkeiten.* ☹ *Das kann ich gar nicht.*

Unità 3 *Ambiente ed ecologia*	☺ 10%	😐 5%	☹ 0%
1. einige Musikinstrumente nennen *Kannst du ein Beispiel geben?*			
2. Freude zum Ausdruck bringen *Kannst du ein Beispiel geben?*			
3. mein Bedauern oder meine Enttäuschung zum Ausdruck bringen *Kannst du ein Beispiel geben?*			
4. meine Mitarbeit oder Hilfe anbieten *Kannst du ein Beispiel geben?*			
5. ein Angebot zur Mitarbeit oder Hilfe annehmen *Kannst du ein Beispiel geben?*			
6. ein Angebot zur Mitarbeit oder Hilfe ablehnen *Kannst du ein Beispiel geben?*			
7. über Umweltprobleme sprechen *Kannst du ein Beispiel geben?*			
8. über mögliche Lösungen zum Schutz der Umwelt sprechen *Kannst du ein Beispiel geben?*			
9. das Pronomen *ne* richtig verwenden *Kannst du ein Beispiel geben?*			
10. über das Verhältnis der Italiener zur Umwelt sprechen *Kannst du ein Beispiel geben?*			

Summe — **Mein Ergebnis** %

Unità 4 *Facciamo spese*	☺ 10%	😐 5%	☹ 0%
1. jemanden nach seiner Meinung fragen *Kannst du ein Beispiel geben?*			
2. meine eigene Meinung ausdrücken *Kannst du ein Beispiel geben?*			
9. das Themenvokabular zu Farben und Kleidungsstücken anwenden *Kannst du ein Beispiel geben?*			
4. jemanden nach der Meinung zu einem Kleidungsstück fragen *Kannst du ein Beispiel geben?*			
5. das Themenvokabular zum Einkaufen anwenden *Kannst du ein Beispiel geben?*			
6. eine Verabredung treffen *Kannst du ein Beispiel geben?*			
7. die reflexiven Verben im *Presente indicativo* gebrauchen *Kannst du ein Beispiel geben?*			
8. die reflexiven Verben im *Passato prossimo* gebrauchen *Kannst du ein Beispiel geben?*			
9. über das Verhältnis italienischer Jugendlicher zur Mode sprechen *Kannst du ein Beispiel geben?*			
10. die bekanntesten italienischen Modemarken und Designer nennen *Kannst du ein Beispiel geben?*			

Summe — **Mein Ergebnis** %

Cosa so fare? Ich kann ...

PROGETTO ITALIANO Junior 2

Portfoliobögen zur Selbsteinschätzung

☺ Das kann ich schon gut. 😐 Damit habe ich noch Schwierigkeiten. ☹ Das kann ich gar nicht.

Unità 5 *Facciamo sport*	☺ 10%	😐 5%	☹ 0%	
1. verschiedene Sportarten nennen *Kannst du ein Beispiel geben?*				
2. eine Meinung ausdrücken *Kannst du ein Beispiel geben?*				
3. eine Gegenmeinung ausdrücken *Kannst du ein Beispiel geben?*				
4. jemanden um einen Gefallen bitten *Kannst du ein Beispiel geben?*				
5. jemanden bitten, mir etwas zu leihen *Kannst du ein Beispiel geben?*				
6. über meine sportlichen Aktivitäten sprechen *Kannst du ein Beispiel geben?*				
7. über verschiedene Sportarten sprechen *Kannst du ein Beispiel geben?*				
8. eine Grafik beschreiben *Kannst du ein Beispiel geben?*				
9. die beliebtesten und am meisten praktizierten Sportarten in Italien nennen *Kannst du ein Beispiel geben?*				
10. über den historischen Fußball in Florenz sprechen *Kannst du ein Beispiel geben?*				**Mein Ergebnis**
Summe				%

Unità 6 *L'ora della verità!*	☺ 10%	😐 5%	☹ 0%	
1. über verschiedene Musikstile und Geschmacksrichtungen sprechen *Kannst du ein Beispiel geben?*				
2. jemandem etwas befehlen *Kannst du ein Beispiel geben?*				
3. jemandem etwas erlauben *Kannst du ein Beispiel geben?*				
4. jemandem etwas erklären *Kannst du ein Beispiel geben?*				
5. jemandem einen Ratschlag geben *Kannst du ein Beispiel geben?*				
6. jemandem etwas verbieten *Kannst du ein Beispiel geben?*				
7. jemandem etwas empfehlen *Kannst du ein Beispiel geben?*				
8. nach dem Weg fragen *Kannst du ein Beispiel geben?*				
9. eine Wegbeschreibung geben *Kannst du ein Beispiel geben?*				
10. sagen, welches die berühmtesten und beliebtesten italienischen Sänger sind *Kannst du ein Beispiel geben?*				**Mein Ergebnis**
Summe				%

Inhalt

PROGETTO ITALIANO Junior 2

Lösungen zu den Minitests

Unità 1
Waagrecht: 3. canzone, 5. musicale, 6. gemellaggio, 7. strumento, 9. avanti, 10. futuro
Senkrecht: 1. sarà, 2. ambientale, 4. ecologia, 8. avrai

Unità 2
Waagrecht: 3. canali, 6. preparava, 8. d'accordo, 9. terzo
Senkrecht: 1. mentre, 2. faceva, 4. peccato, 5. reality, 6. ciclo, 7. tornavo

Unità 3
Waagrecht: 3. riciclare, 4. bicicletta, 5. fastidio, 8. tastiera, 9. consumo, 10. lo
Senkrecht: 1. risparmio, 2. elettrica, 6. raccolta, 7. basso

Unità 4
Waagrecht: 2. grigio, 5. appuntamento, 6. costa, 7. moda, 8. vestirsi, 9. maglione
Senkrecht: 1. giallo, 2. spese, 3. commerciale, 4. ne

Unità 5
Waagrecht: 3. forma, 4. tuta, 7. consiglio, 8. prova, 9. dispiace, 10. partita
Senkrecht: 1. tifoso, 2. nuoto, 5. squadra, 6. le

Unità 6
Waagrecht: 3. farai, 6. volume, 7. uso, 9. calmati, 10. colpa
Senkrecht: 1. tasto, 2. finisci, 4. pubblico, 5. scaricare, 8. cuffie

Begleitmaterialien zu *Progetto italiano Junior 2*:

ISBN 978-88-99358-01-3

Primiracconti per ragazzi, letture semplificate per stranieri.

Gli strani ospiti (A2/A2+)
Ogni anno Paolo va a Ronchi, un piccolo e caratteristico paesino di montagna, per trascorrere le vacanze estive e ritrovarsi con i suoi amici. Quest'anno, però, le loro vacanze saranno turbate da una scoperta che rischia di metterli in serio pericolo...

Glossari interattivi
Un modo originale, efficace e divertente per imparare o consolidare il lèssico!
Applicazioni gratuite per smartphone e tablet.

Le lingue disponibili sono tante e lo studente può esercitarsi partendo dalla traduzione o dall'italiano. Seleziona l'unità e comincia a studiare... giocando!

PJR

Disponibile su App Store

DISPONIBILE SU Google Play

L'applicazione propone le parole in ordine casuale. Lo studente ha due pulsanti a disposizione: con *scopri* vede la traduzione...

...mentre con *aiuto* può scegliere fra 3 alternative la traduzione corretta ricevendo un feedback immediato.

Lo studente può inoltre salvare nei *favoriti* le parole da ripassare, eliminare quelle meno importanti e, soprattutto, *ascoltare la pronuncia* corretta, con la qualità di Google Translate!